푼크툼PUNCTUM의 순간들
―보여지는, 그러나 보이지 않는 것에 관한 시론詩論

푼크툼PUNCTUM의 순간들

펴낸날 | 2025년 8월 1일 초판 1쇄

지은이 | 노태맹
펴낸이 | 강현국
펴낸곳 | 도서출판 시와반시

등록 | 2011년 10월 21일 등록(제25100-2011-000034호)
주소 | 대구광역시 수성구 지산로 14길 83, 101-2408호
전화 | 053) 654-0027
전자우편 | khguk92@hanmail.net

ⓒ 노태맹, 2025

ISBN 978-89-8345-166-8 93810

* 이 책의 판권은 지은이와 도서출판 시와반시에 있으며 무단 전재를 금합니다.
* 잘못된 책은 교환해드립니다.

푼크툼PUNCTUM의 순간들
―보여지는, 그러나 보이지 않는 것에 관한 시론詩論

노태맹

| 차례 |

머리말 | 가시可視적이지 않으면서 은폐되어있지도 않은   7

1부

푼크툼punctum 혹은 움푹 파인 것으로서의 시   14
시적 대상과 사물   21
―나는 이 흰 꽃을 모른다

'김남주'라는 아포리아aporia   28
―위반과 죽음으로서의 시

바깥의 사유, 바깥의 시   45
경물敬物의 시학은 가능한가?   53
―저 새소리는 시천주侍天主의 소리인가

하이데거라는 사다리 걷어차기   68
'증상'으로 오늘의 시 읽기   75
잠정적 정리:푼크툼punctum의 시학詩學을 위하여   83

2부

시의 존재양식 —김동원 시인의 시론에 대한 생각	92
먼 그 곳 혹은 헤테로토피아heterotopia에서의 시	100
주체 없는, 생성으로서의 시학 —정화진의 시를 어떻게 읽을 것인가?	108
빌어먹을, 이 시인詩人이라는 폐허 —허수경 시인을 생각하며	128
문인수, 시詩아니고는 아무 것도 아닌 —문인수 시인을 그리며	136
붉게 반짝이는 카이로스의 시간을 위하여	153
벌거벗은 이미지로서의 시	169
비동시대적으로 시 읽기	179
그리움은 어디에 쓰일까?	190

| 머리말 |

가시(可視)적이지 않으면서 은폐되어 있지도 않은

인터레그넘(interregnum). 사회학자인 바우만은 현재를 인터레그넘의 시대라고 말했다.[1] 인터레그넘은 두 왕의 재위 기간 사이에 있는 시기, 즉 최고 지도자가 부재하는 궐위(闕位)의 기간을 말한다. 바우만은 인터레그넘의 시대를 "활동하는 옛 방식이 매우 빨리 노화되어 더 이상 적절하게 작동되지 않음에도 불구하고 새로운 활동 방식이 아직 개발되지 않은 상태"라고 설명한다.[2]

국민 국가의 담벼락이 무너지고, 모든 길은 '세계화'의 이름으로 모든 곳이 열렸지만 인터레그넘의 시대를 살고 있는 우리는 지금 가야 할 길을 모른다. '경제 대국'이라는 이름에도 불구하고 우리 사회의 불행과 고통의 지수는 높아만 지고 있다. AI가 우

---

1) regnum(레그넘)은 라틴어로 왕권 혹은 최고의 권한을 뜻한다. 그래서 인터레그넘은 레그넘(gegnum)들 사이(iner)를 의미한다.
2) 지그문트 바우만(안희경 인터뷰), 「우리를 불안하게 만드는 것은 무엇인가?」, 『문명, 그 길을 묻다』, 이야기가 있는 집, 2014, 186쪽

리의 주제어가 되면서 인간의 노동은 갈 곳을 잃어버렸고[3], 기후위기로 '인류세'의 인간들은 이제 이 행성에서 10년 내에 사라질 것이라는 암울한 전망까지 터져 나오고 있다. 심지어 상호 존중, 토론, 관용이라는 바탕 위에 서 있어야 할 민주와 공화의 정치가 어처구니없는 쿠데타에 의해 유린당할 뻔한 일을 우리는 최근에 겪기도 했다.

삶은 희극인 것일까? 우리는 지금 무엇을 해야 할지 모르는 채 관성적으로 떠 밀려가고 있다. 텔레비전으로 멜로드라마를 보듯이 우리는 우리 자신의 삶을 바라보면서 '드라마틱하게' 우리의 비참한 삶이 아름다워지기를 기다린다. 그러나 우리 "비참한 자들은 도덕적, 종교적 의식의 논변들 속에서, 빌린 금박 장식 속에서, 자신의 비참한 삶을 산다. 그 속에서 그들은 자신의 문제들과 조건 자체를 분장(扮裝)시킨다. 이런 의미에서 멜로드라마는 현실적 조건 위에 도금된 낯선 의식"[4]일 뿐이다. 멜로드라마의 끝인 정치는 코미디 프로그램이다.

이러한 인터레그넘의 시대에 우리의 문학은, 시는 무엇이어야 하는가? 멜로드라마가 음악 반주를 깐, 비현실적 상황과 정형화된 인물의 과장된 연기를 뜻하는 것이라면 우리의 시(詩)도

---

[3] 바우만은 위의 인터뷰에서 씁쓸한 농담을 인용한다. 앞으로 세계라는 공장에는 두 종류의 살아있는 생물만 고용되는데 하나는 사람이고, 다른 하나는 개라는 것. 사람은 개에게 밥을 줘야 하니까 고용된 거고, 개는 그 사람이 뭐라도 만질까봐 지키기 위해 고용된다는 것…
[4] 루이 알튀세르, 「피콜로 극단」, 『마르크스를 위하여』, 후마니타스. 2017. 243쪽

그 멜로 드라마와 얼마나 다를까? 감상적 산문을 행갈이 한 것을 혹은 설익은 아포리즘(apholism)을 시라고 우기는 것은 시를, 앞서 알튀세르가 말한 '금박장식' 쯤으로 여기는 것에 다름 아닐 것이다.

물론 시가 무엇인가를 분석적으로 정의 내리기는 어려울 것이다. 그러나 먼저 간 허수경 시인의 말에 귀 기울이면서 '왜 나에게?' 시가 왔는지, 우리가 시에서 바라는 것이 무엇인지 생각해 볼 수 있겠다. "나는 어디에 있는지. 내 속에는, 많은 이들이 그렇게 적은 것처럼, 많은 타인들이 들어 있다. 그 타인들이 나의 얼굴을 만들고 있다. 나의 얼굴은 타인의 얼굴이다. 그 얼굴이 끔찍하지 않기를 바란다."[5] 그 타인들이 나를 만들고, 그들의 고통이 나를 울리고, 그들의 얼굴이 나의 얼굴이 됨으로써 나는 시의 공간에 들어선다. 나의 시는 그 고통이 공명하는 자리가 되어야 한다.

그리고 더 나아가 그 타인의 죽음으로 하여 우리는 시의 물질성을 획득하게 된다. 푸코는 한 인터뷰에서 이렇게 말한 바 있다. "내게 글쓰기란 죽음에, 아마도 본질적으로 타인의 죽음에 연결되어 있다고 말하겠습니다. … 내게 글쓰기란 물론 타인의 죽음과 연관된 어떤 일, 그러나 본질적으로는 이미 죽어버린 존재로서 이해되는 타인의 죽음과 연관된 어떤 일입니다. 나는 어떤 의미에서 타인의 시체에 대해 말하고 있습니다. 나는 내가 어떤 점

---

[5] 허수경, 『모래도시를 찾아서』, 현대문학, 2005, 100쪽

에서는 타인의 죽음을 요청하고 있다는 것을 고백해야 할 것입니다."6)

동시에 타인의 고통과 타인의 죽음은 우리의 시간과 공간에 대한 이해이고 우리 시대의 존재양식에 대한 통찰을 요구한다. "순전히 기교적인 이 실재 뒤에서, 이 실재를 이용하는 생산체계를 식별할 줄 알아야 한다."7)는 마슈레의 말은 몇 가지 측면에서 전략적 의미가 있다. 나 자신의 글쓰기가 어떠한 생산체계의 이데올로기와 연결되어 있는지 반성하는 측면 뿐 만 아니라, 다른 작가의 글들도 그러한 반성적 시선으로 바라보아야 한다는 의미에서 그렇다. 나의 시는 지금 어떤 죽음을, 어떤 시대를, 어떤 반동을 엄호하거나 소모하고 있는 것은 아닌가?

우리의 시대는 혹은 시는, 결코 가시적이지도 않지만 동시에 은폐되어 있지도 않다. 하나의 표면에 동시적인 그 은폐와 비은폐를 대립시키지 않고 손으로 움켜쥐는 (혹은 개념화하는) 것이 시의 역할일 것이다. 그것은 어떻게 가능할까? 그러기 위해서 우리는 그 표면에서 번져 나오는 모든 빛들에 몸을 맡기면서 우리의 세상을 이해하고, 우리의 세상이 금가게 해야 한다. "한 시대의 가시성은 빛의 체제입니다. 빛의 흔들림, 번쩍거림, 섬광은 빛과 사물들의 접촉에서 만들어지는 것입니다. 마찬가지로, 단어들 혹은 구문들로부터 언표를 추출하기 위해 그것들을 금가게 해야 합니다."8)

---

6) 미셸 푸코. 『상당한 위험』. 그린비. 2021. 27쪽
7) 피에르 마슈레. 『문학생산이론을 위하여』. 백의. 1994. 72쪽

그런데, 이 시에 관한 책을, 아마도 대부분 이 서문까지만 보고 옆으로 밀쳐두게 될 이 책을 출판하는 이유에 대해 나는 나 스스로를 납득시켜야 했다. 그리하여 나는 다음과 같은 결론을 내렸다. '이것은 아무도 거들떠보지 않는 작은 흔적일 뿐이지만 이/그 흔적이 언젠가 우연히 지나가는 누군가의 사유나 사건에 (의미나 영향은 아니겠지만) '효과' 정도는 낼 수 있지 않을까? 그 시간이 여전히 지금처럼 인터레그넘의 시대라면…'

여기에 실린 글들은 계간지 《시와반시》에 연재했던 글들과 그 동안 이곳저곳에서 발표했던 글들이다. 지금 다시 읽어보면 여러 모순과 혼란이 착종된 글들이지만 부끄러움을 무릅쓰기로 했다. 이 글들을 쓰게하고 싣게 도와주신 많은 분들께 감사드리고, 특히 《시와반시》 편집주간이신 강현국 시인께 감사드린다. 그리고 지금까지 나의 '시'를 견뎌준 나의 아내 김효경에게 이 책을 바친다.

---

8) 질 들뢰즈. 『대담』. 갈무리. 2023. 179

1부

푼크툼(punctum) 혹은 움푹 파인 것으로서의 시

1. 푼크툼(punctum)이라는 라틴어는 사전적 의미상 뾰족한 끝이고, 그 뾰족한 끝이 무언가를 찌르는 것이고, 그리하여 그로 인해 생겨난 작은 구멍이다. 푼크툼은 무언가에 집중하고 전념하는 그리하여 무엇인가를 의미하려는 스투디움(studium)을 깨트리는 것이다. "푼크툼은 또한 찔린 자국이고, 작은 구멍이고, 조그만 얼룩이고, 작게 베인 상처이며 – 또 주사위 던지기이기 때문이다. 사진의 푼크툼은 사진 안에서 나를 찌르는 (뿐만 아니라 나에게 상처를 주고 완력을 쓰는) 그 우연이다."[1] 시에 대해 롤랑 바르트처럼 이야기하자면 푼크툼이 없는 시는 '내 마음에 들거나 들지 않지만 나를 찌르지 못한다.' 스투디움으로서의 시는 '좋아한다/좋아하지 않는다 정도의 나른한 욕망, 다양한 관심, 일관성 없는 취미' 판단만을 불러일으킬 뿐이다. 물론 "스투디움은 일종의 교육(지식과 예절)"이어서 그러한 시를 쓰거나 읽는 행위는 우리의 일상적 삶에 도움을 줄 것이다. 그러나 시는

---

1) 롤랑 바르트, 『밝은 방-사진에 관한 노트』, 동문선, 2006, 42쪽

그런 것이기만 한 것일까?

1-2. 푼크툼(punctum)으로서의 시는 세상에 '빵꾸'(puncture)를 내는 시이다. 그런데 수많은 시들, 심지어 내가 쓴 나의 시들은 나를 실망하게 한다. 나는 스투디움으로서의 시를 '소모'하고 있는 것이 아닐까?

2. 문인수의 「거처」라는 짧은 시를 보자.

> 바람이 잔다. 아, 결국
> 기댈 데란 허공뿐이다.[2]

스투디움으로서 읽는 이 시는 우리 삶의 마지막 거처인 '허공'을 지향하고 지시한다. 우리는 무로 돌아간다, 그런 이야기이다. 그런데 이 허공이 지나온/올 '기댐'에 강도를 주었을 때 '기댐'과 '허공' 사이에 '작게 베인 상처'와 틈으로서의 푼크툼(punctum)이 생기고, 그 틈이 이 시에 새 힘을 불어 넣어 준다. 이 강도가 없다면 우리는 무엇이 있는 줄 알고 기대었는데, 아무 것도 없어 화들짝 놀라며 쓰러지는 상황에 빠지고 만다. "이 새로운 푼크툼은 더 이상 형태가 아니라 강도인데, 바로 시간이고, 노에마[3] (Noema, '그것은-존재-했음')의 가슴 아픈 과장이며, 그것의

---

2) 문인수. 「거처」 전문. 『그립다는 말의 긴 팔』.
3) 의식의 작용인 노에시스(Noesis)를 통해 주어지는 대상.

순수한 표상"[4]이 된다. 푼크툼(punctum)은 알랭 바디우처럼 말하자면 시의 역량(potentia)이다. "모든 시는 언어에 어떤 힘을 불러온다. 이 힘은 나타난 것의 사라짐을 영원히 고정시키는 힘, 또는 나타난 것의 사라짐을 시적으로 억제함으로써 '이념'으로서의 현전 자체를 생산하는 힘이다."[5]

  2-2. "만물(萬物)에는 과연 만물을 유(有) 아니게 만드는 까닭을 가지고 있으며 또한 만물을 무(無)아니게 만드는 까닭을 가지고 있는가? 전자(前者) 때문에 만물은 무(無)이면서 무(無)가 아니다. … 어째서 그런가? 유(有)가 정말로 유(有)라고 한다면 언제나 유(有)이어야 하는 것이지 어찌 그 유(有)가 인연 때문에 유(有)가 되겠는가? 그러면 그것이 정말로 무(無)라고 상정하여 볼 때 그 무(無)는 언제나 무(無)이어야 하지 어찌 그 무(無)가 인연의 흩어짐 때문에 무(無)가 되겠는가? 그런데 만일 만물이 무(無)라고 한다면 어떤 것도 생겨나지 말아야 할 것이다. 만일 어떤 것이 생겨난다면 그것은 결코 무(無)가 아니다. 만일 우리가 그 어떤 것을 유(有)라고 확언하고 싶지만 이 유(有)가 정말 생겨난 것이 아니다. 만일, 우리가 그 어떤 것을 무(無)라고 확언하고 싶지만 그 어떤 것은 형상(形象)을 가지고 있다. 형상(形象)을 가지고 있는 것은 무(無)와 같지 않으며, 또 참으로 유(有)

---

4) 롤랑 바르트. 앞의 책. 118쪽
5) 알랭 바디우. 「시란 무엇이며, 철학은 그것에 대해 어떻게 생각하는가?」.『비미학』. 이학사. 2010. 52쪽

가 아닌 것은 유(有)와 똑 같지는 않다. 이렇게 때문에 부진공(不眞空)의 뜻은 분명하다."[6]

시는 '없지 않고 있는 것'에 대한 긍정이고 그 긍정의 운동이다. '있는 것'은 '없는 것'에 의존하지만, '없는 것'은 있지 않고 없으며, '있는 것'은 있다. 시는 그 '있는 것'과 '없는 것' 사이의 운동을 표상하는 '있음'이다.

3. 그리하여 푼크툼은 나에게서 점점 확대되고 확장하면서 '움푹 파인 곳'이라는 표상이 된다. 그러나 움푹 파인 그곳은 사물과 이미지들을 포획하는 덫이라기보다는 내 스스로가 포획되는 덫이다. 사물들이, '있는 것'들이 덫을 놓는다. 혹은 이렇게 베르그송처럼 말할 수도 있겠다. 움푹 파인 그 객체를 가리키는 또 다른 이름은 '놀라움'이라고. 그 객체는 우리를 놀라게 하는 것이고, 그리고 그 개개의 객체는 결코 완전히 제어될 수 없는 우연적인 것들로 가득 차 있다. 한 발 한 발이 덫이다. 그리하여 시는 그 덫의 날카로운 이빨이 된다/되어야 한다.

3-2. 시가 어떤 목적을, 어떤 의미를 가질 수는 있지만 그것이 시의 전부는 아니다. 그럼에도 불구하고 가령 김춘수의 '무의미시론'은 무의미(non-sense)한 작명이다. 그의 시는 어디론가 숨고 싶은 근대적 주체의 '의미'를 표현하고 있으므로, 결코 '무의

---

6) 승조.「부진공不眞空」『조론肇論』. 고려원.1989.99-102쪽.

미'하지 않다.

  4. 나는 지금 시에게서 보물찾기라도 하는 것일까? 그런 보물이 선험적으로 있다고 주장하는 것일까? 그렇지 않다면 우리에게서 글을 쓴다는 것, 혹은 시를 쓴다는 것의 '놀라움'은 객체 자체에서 오는 것일까? 그러나 대부분 그 객체 혹은 '자연'에서 온다고 믿는 놀라움은 주관적 감상에 불과하다. 그리고 그 시적인 '자연'도 박제된 주관에 불과하다. 근대의 주체와 자연에 대한 사상사는 역설적으로 귀결되었다. 퀑탱 메이야수는 칸트의 코페르니쿠스적 혁명이 역설적으로 '프톨레마이오스적 반-혁명'으로 귀결했다고 비판했다. "왜냐하면 거기서 문제가 되는 건 사람들이 부동적이라고 믿었던 관찰자가 사실상 관찰되는 태양의 둘레를 돈다는 것을 확증하는 것이 아니라, 반대로 주체가 인식 과정 안에서 중심적이라는 것을 확증하는 것이기 때문이다."[7] 그래서 그는 칸트의 "1781년 이래(『비판서』의 초판 이래) 철학적 프톨레마이오스주의가 과학적 코페르니쿠스주의의 심오한 의미라는 것을 주장"한다. 시에 대해 말한다면, 관념적 주체 혹은 기껏 주관적 감상을 중심으로 시가 생산되고 있고 자연은 인간화된 자연에 불과했다.[8]

---

[7] 퀑탱 메이야수. 『유한성 이후』. b. 2010. 202쪽
[8] 이러한 사변적 실재론 혹은 신유물론의 비판은 다음과 같은 것이다. "대륙 사상은 실재론 대 관념론 문제가 어설픈 허위 대립이라는 후설과 하이데거의 견해를 거의 한결같이 채택했다…후설 뿐만 아니라 하이데거의 경우에도 외부 세계에 관한 물음은 한낱 '사이비 문제'에 불과하다…그 두 가지 입장에서 바라보면 사

5. 정리하자면, 시에 관한 나의 중심 관심은 '물질과 기억'이다. 여기서의 물질은 퀑탱 메이야수의 주장처럼 '사유가 존재하지 않을 때에도 존재'하는 사물이고, (충족)이유(율)없이 우발적으로 존재하는 사물들이다. 푼크툼은 이 우발적 물질들 사이에서 불꽃처럼 발생한다.

그리고 우리의 (시적인) 기억은 베르그송을 이어받은 들뢰즈의 다음과 같은 '현행적 과거'이다. "베르그송은 각각의 현행적 현재는 단지 지극한 수축 상태의 과거 전체에 불과하다고 생각했다. 과거는 시간의 한 차원에 머물기는커녕 시간 전체의 종합이며, 현재와 미래는 단지 그 종합에 속하는 차원들에 불과하다. 따라서 '과거가 있었다'라는 말은 성립할 수 없다. 과거는 더 이상 실존하지 않는다. 과거는 실존하는 것이 아니라 끈덕지게 자신을 주장하면서 내속하고 공속하며, 그런 의미에서 있다. 과거는 사라진 현재 속에 내속하고, 현행적 현재나 새로운 현재와 더불어 공속한다. 과거는 시간의 즉자적 측면이며, 이것이 이행의 최종 근거이다. 이런 의미에서 과거는 시간 전체의 순수하고 일반적이며 선험적인 요소를 형성한다."[9] 푼크툼은 주름 잡혀진 시간들이 순간적으로, 그러나 우발적으로 펼쳐지는 순간들이다.

유와 세계는 서로 별개로 고려될 가능성이 전혀 없다. 그 이유는 그것들이 언제나 상관관계를 맺는 상태로만 현존하는 한 쌍으로 여겨지기 때문이다." (그레이엄 하먼. 『사변적 실재론 입문』. 갈무리. 2023. 21쪽) 나의 글은 이러한 입장에 동조하는 쪽으로 쓰여질 것이다.

9) 질 들뢰즈. 『차이와 반복』. 민음사. 2004. 193쪽

5-1. "사람들이 인간 관계, 말의 교환, 서명, 담론, 허풍과 착각으로 먹고 살며 돈을 버는 도시에서의 철학, 도시의 부르주아 철학, 말을 통한 효과와 자랑스럽게 게시되는 재현의 철학, 압력 단체들이 행사하는 힘의 철학, 말, 차단벽, 환각 효과의 감옥에서 벗어나 밖으로 나가야 한다. 스콜라 철학 이 후로, 자연 철학을 통해 르네상스가 다시 한 번 와야 한다. 사물들 자체. 그렇다, 유물론. 잊혀진 유물론으로 돌아가야 한다."[10]

우리는 지금 '우발성의 유물론'(알튀세르의 의미와는 조금 다르지만)으로서의 시학으로 들어왔다.

6. 그러나 이 사유가 바로 시로 현현하지는 않는다. 아름다운 마음, 맑은 눈, 정의로운 사유, 따뜻한 형제애, 날카로운 비판 등등은 주체의 덕목이지 시의 덕목이 아니다. 우리를 시로 도약하게 만드는 추진력은 무엇일까? 물질과 기억의 움푹 파인 푼크툼은 어떻게 죽음 혹은 무(無)라는 추진력을 만나면서 시로서 변화, 변용될 것인가?

---

[10] 미셸 세르, 『헤르메스』, 민음사, 2009, 235쪽

시적 대상과 사물
―나는 이 흰 꽃을 모른다

1. 하이데거의 다음과 같은 물음은 한편으로 정당하다. "우리는 다음과 같이 묻지 않을 수 없다. (주어와 술어의 결합으로 이루어진) 단순한 서술문의 구조는 (실체와 속성의 통합으로 이루어진) 사물의 구조를 〔정말로〕 반영하고 있는 것일까? 혹시 이렇게 생각된 사물구조란 〔사실은〕 문장의 기본구조에 따라 〔임의적으로〕 기획된 것은 아닐까? 인간이 문장 속에서 사물을 파악하던 방식을 〔마치 사물 자체의 구조에 입각하여 파악한 듯이 그렇게〕 사물 자체의 구조로 떠넘기는 것보다 더 손쉬운 작업이 또 있을까? 우리는 이러한 사물-개념이 사물의 사물적 성격에-즉 자생성〔자발적으로 자라난다는 점〕과 자족성〔자기 안에 고요히 머물러 있다는 점〕에-적합하지 않다는 점을 알게 된다."[1]

그렇다면 사물의 사물적 성격을 드러내기 위해서는 무엇이 필요할까? 하이데거는 우리가 사물에 대해 진술하고 파악할 때 사물과 우리 사이에 끼어들 수 있는 모든 것을 '현상학적 판단중지'

---

1) 하이데거. 「예술작품의 근원」. 『숲길』. 나남. 2020. 21-22쪽

의 태도를 통해 제거해야 한다고 말한다. 색깔, 소리, 딱딱함, 거침, 온도 등등 감각적 다양의 복합체가 우리의 신체에 밀려 올 때 우리는 사물을 개념적으로 파악했다고 생각하지만 그것은 충분하지 않다는 것이다.

그러나 시에서의 '현상학적 판단중지'라는 것이 과연 가능하기는 한 것일까? 그러기 위해서는 사물의 존재성이 긍정되어야 하는데, 언어는 그것을 사물의 '색깔, 소리, 딱딱함, 거침, 온도 등등'을 통해서만 수행할 수 있다. 이것들이 지워지면 사물의 자리는 텅 빈 공간일 뿐이고, 지워지지 않더라도 남은 색깔, 소리 등등은 사물이 아니라 사물의 양태일 뿐이다.

나의 질문을 정리하면 다음과 같다. 시는 사물과 사물의 결합을 통해 완성된다고 나는 가정했는데, 그것은 과연 정당한 것일까?

1-1. 나는 미로에 빠져버렸다. 오랫동안 시를 써 왔지만 시가 무엇인가에 대한 물음에 답할 수가 없다. 답답한 마음에 아리스토텔레스의 『시학』을 펼쳐든다. 대답이 있을 턱이 없다! "이렇게 모방은 물론이고 선율과 리듬(운율도 분명 리듬의 한 부분이다)도 인간의 본성이기 때문에, 이러한 것에 본능적으로 아주 강하게 끌리는 사람들이 처음에는 즉흥적으로 모방했다가, 그것이 점점 발전해서 시가 출현한 것이다."[2]

---

2) 아리스토텔레스. 『시학』. 현대지성. 2021. 19쪽

1-2. 그래도 다시 이렇게 물어보자. 시적 대상=사물일까? 오규원의 한 편의 아름다운 시를 보자.

> 나무가 몸 안으로 집어넣는 그림자가
> 아직도 한 자는 더 남은 겨울 대낮
> 나무의 가지는 가지만으로 환하고
> 잎으로 붙어 있던 곤줄박이가 다시
> 곤줄박이로 떠난 다음
> 한쪽 구석에서 몸이 마른 돌 하나를 굴려
> 뜰은 중심을 잡고 그 위에
> 햇볕은 흠 없이 깔린다.
>
> ―「나무와 돌」 전문[3]

여기서 나무, 그림자, 곤줄박이, 뜰, 돌, 햇볕은 사물들이지만 사물의 성격을 잃어버린 시적 대상일 뿐이다. 왜냐하면 각각의 사물들은 호명만 될 뿐 자신의 사물적 성격을 가지고 있지 않고 드러내 보이지도 않기 때문이다. 그것들은 부재 속에서 '존재'한다. 시인들에게(물론 나에게도) 이러한 태도와 방식은 낯설지 않다, 고 나는 지금 생각하고 있다. 하나의 점으로 존재하는 사물들의 기하학적 배치 속에서 우리는 기쁨을 느끼고 있는 것이다. 점은 이념으로만 존재하는 불가능성이다.

---

[3] 오규원. 『새와 나무와 새똥 그리고 돌멩이』. 문학과 지성사. 2005.

그렇다면 나의 질문은 이렇게 변용될 수 있을 것이다. 시인들에게 '사물'은 불가능한-시적 '대상'으로만 존재하는- 기획인가?

2. 하이데거와 조금은 다른 의미의 '사물'의 부재를 이야기할 수 있다. 이것은 언어가 가진 '쓸모'와 관계있다. 쓸모로서의 언어는 지시하고, 장식하고, 현혹할 때 제 몫을 다한다.

"모든 담론, 일상어의 담론 자체는 담론 대상의 일시적 부재를 내포한다. 그리고 담론의 대상은 격리되고 침묵 속으로 쫓겨난다. 말하는 것은 실재를 적용되는 것으로 바꾸는 어떤 행위이다. '어떤 꽃을 말하는 것'은 꽃을 따는 작업과 유사한 것이다. 즉 이 작업에 의해 말의 희미한 윤곽과 더불어 '모든 꽃다발의 부재'가 생겨난다. 그리하여 말에 의해 현현의 어두운 영역으로 추방된 실재는 그 자체에서 벗어나 그것의 부재에 의해서만 이야기된다. 담론과 사물의 세계와의 일치는 항상 착각을 일으키는 것이다. 모든 담론은 그 대상의 부재를 가정하며, 말해지는 것을 추방함으로써 빈 공간 속에 위치한다."[4]

여기서 마슈레가 이야기하려는 것은 이 '사물'의 부재 이면에는 그것을 이용하려는 '생산체계'(경제학적인 의미이다)가 존재하며, 그것을 말하는 "문학 작품은 지식의 유사물인 동시에 일상적 이데올로기의 기묘한 모방"이라는 것이다. 여기서 사물들과 의미들은 어떤 큰 '의지'를 위해 동원된다. 시인들에게(물론 나

---

[4] 피에르 마슈레, 『문학생산이론을 위하여』, 백의, 1994. 72-73쪽

에게도) 이러한 태도와 방식은 낯설지 않다, 고 나는 지금 생각하고 있다. 얼마나 많은 시들이 일상적 이데올로기에 동원되었던가? (나 스스로에 대한 반성이기도 하다. 그러나 이데올로기가 나쁜 의미로만 주어지지 않는다는 점은 지적해야겠다.)

  2-1. "내가 그의 이름을 불러주기 전에는/ 그는 다만/ 하나의 몸짓에 지나지 않았다.// 내가 그의 이름을 불러주었을 때/ 그는 나에게로 와서/ 꽃이 되었다.// 내가 그의 이름을 불러준 것처럼/ 나의 이 빛깔과 향기에 알맞은 이름을 불러다오.// 그에게로 가서 나도 꽃이 되고 싶다"(김춘수. 「꽃」부분)

  이 시에서 '그'는 호명되기는 하지만, 완벽하게 부재한다. '하나의 몸짓'으로만 존재하는, 내가 이름(의미 규정)을 불러주어야만 존재하는 그는, 꽃은, 존재하는 그 무엇도 아니다. (현상학적 의미 지향, 노에시스-노에마의 관계도 아니다.) 하지만 부재함으로써 이 시는 의미하고자 했던 목포를 달성한다. 우리는 이 시가 무엇을 아름답게 표현하는지를 무의식적으로 이미 알고 있고, 안다.

  그러나 사물에 대해서만 이야기한다면, 사물은 결코 수동적이거나 관성적인 것이 아니다. 사물은(혹은 타자는) 우리를 움직이거나 자신을 느끼도록 강요한다. 화이트헤드의 말처럼 "맥박의 박동, 분자, 돌덩어리, 식물의 삶, 동물의 삶, 그리고 인간의 삶"에 동등한 존재론적 지위[5]를 부여해야 한다. 동등한 존재론적

---

5) 스티븐 샤비로. 『사물들의 우주-사변적 실재론과 화이트헤드』. 갈무리. 2021. 31쪽

지위를 갖는다는 것은 사물들에게도 발언할 기회를 주어야 한다는 것이기도 하다.

(이 시를 좋아해온 나를 포함한 우리 모두의 '이데올로기'는 무엇이었을까?)

3. "'그러므로 풍경은 내 속에서 자기 자신을 사유하고 있는 것이며, 그리고 내 자신은 풍경의 의식이다.'(세잔) 단어들의 기능이 명명하는 것, 말하자면 혼미한 방식으로 우리에게 드러나는 것들의 성질을 포착하여, 그것을 알아볼 수 있는 대상으로 우리 앞에 놓는 일인 것과 마찬가지로 가스께의 말을 빌리면 화가의 임무란 '객관화하는 일', '투영시키는 일', '포착하는 일'인 것이다."[6]

내 작품 안에서 사물들이 스스로 사유하게 할 수 있을까? 그렇게 할 수 있게 우리는 사물들을 '포착'할 수 있을까? 퐁티는 현상학적 잠꼬대를 하고 있는 것이 아닐까? 시에 관한 한 나는 처음부터 잘못된 질문을 하고 있는 것이 아닐까?

4. 이 글을 쓰고 있는, 나를 사로잡고 있는 욕망은 무엇일까? 나는 지금 무엇을 원하면서 시와 사물에 대해 이야기하고 있는 것일까? 맨 앞의 글부터 여기까지, 내가 쓴 글을 여러 번 읽고 고치고 하면서, 나는 오규원의 앞서 인용한 시를 다르게 생각하고

---

[6] 메를로 퐁티. 『현상학과 예술』. 서광사. 1983. 199쪽

다르게 읽게 되었다.

  우리는 사물-대상을 바라볼 때 그것들을 각각의 것으로 인지하지 않는다. 오규원의 '나무, 그림자, 곤줄박이, 뜰, 돌, 햇볕'은 각각의 것으로 우리에게 다가오지 않는다. 그것은 한꺼번에 혹은 다른 무언가와 함께 인지된다. 내가 이팝나무의 꽃을 볼 때 나는 이팝나무 꽃만 보는 것이 아니라 가지와 하늘과 구름과 새소리와 햇볕 까지 한꺼번에 본다. 이것은 사물들이라기 보다는 이미지-사물이라는 말에 더 잘 어울린다. 이를테면 나무-그림자-곤줄박이-뜰-돌-햇볕은 이미지로서 한 덩어리로 다가온 사물인 것이다.

  "이처럼 자연을 퇴색한 그림들의 액자 속에 집어넣어 정지시키는 것이 바로 꿈꾸는 자의 쾌락이다. 그 이미지들을 다시 불러내어 사로잡는 것이 바로 시인의 능력이다."[7] 벤야민에게 이미지가 과거의 지평을 돌파하는 하나의 불덩이, 약한 빛, 혹은 반딧불이거나 별빛 이었던 것처럼 오규원에게도 이미지-사물은 삶을 열어가는 별빛이었을 것이다. 그것을 보았어야 했다.

  4-1. 나는 내 앞에 놓인 이 흰 꽃을 모른다. 푸른 이파리와 반짝이는 그림자, 새소리를 닮은 바람과 꽃 앞에 서 있는 너의 발목과 함께라면 이 흰 꽃이 무엇인지 알게 될지 모르겠지만.

---

7) 발터 벤야민,『사유이미지』(발터 벤야민 전집1). 길. 2007. 223쪽

'김남주'라는 아포리아(aporia)
— 위반과 죽음으로서의 시(詩)

0. 김남주의 시는 (시를 쓰는) 나에게, 하나의 아포리아(aporia)(였)다.

1. 시를 쓴다는 것은 미래에 대한 의지인가? 현재에 대한 자유인가? 아니면 과거에 대한 향유인가? 도대체 우리는 왜 시를 쓰고, 읽는가?

1-1. 나는 시를 의지하지 않았다. 시는 목에 걸린 생선 가시처럼 문득, 나에게로 왔다(고 나는 생각한다).

1-2. 그러므로 시는 의지 능력이 아니다. "의지 능력은 고대 그리스에는 알려지지 않았으며, 기원전 1세기 이전에 사람들이 거의 듣지 못했던 경험의 결과로 발견되었다. … 기억이 과거를 위한 기관이듯이 미래를 위한 기관으로서 의지라는 개념도 전적으로 부차적이었다. … 그리스 철학에서 나타나는 이러한 신기

한 결함은 시간성을 천체의 순환적 시간 운동과 동일시하고 이 세상의 순환적인 삶과 동일시하는 고대의 시간 개념과 완벽하게 일치했다."[1]

1-2-2. 마찬가지로 비트겐슈타인도 옳다(고 나는 생각한다). "윤리적인 것의 담지자로서의 의지에 대해서는, 우리는 아무 것도 말할 수 없다. 그리고 현상으로서의 의지는 단지 심리학의 관심사일 뿐이다. (6.423) … 만약 선(善)하게 의지함이나 악(惡)하게 의지함이 세계를 변경시킨다면, 그것은 세계의 한계를 변경시킬 수 있을 뿐, 사실들(facts)을 변경시킬 수는 없다; 언어에 의해 표현될 수 있는 것들을 변경시킬 수는 없다. 간단히 말해, 세계는 그것에 의해 전혀 다른 세계가 되어야 한다. 세계를 이를테면, 그 전체로서 차거나 이지러지거나 해야 한다. 행복한 사람의 세계는 불행한 사람의 세계와는 다른 세계이다.(6.43)"[2]

1-3. 그러나 삶은 의지해야하는 것이어야만 했다. 김남주가 살았던 1980년대, 우리는 최소한 헤겔리안(Hegelian) 이어야만 했고 마르크스-레닌주의로 도약할 의지만이 우리에게 주어져

---

1) 한나 아렌트. 『정신의 삶-사유와 의지』. 홍원표 역. 푸른숲. 2019. 334. 346쪽
2) 비트겐슈타인. 『논리철학논고』. 정음사. 1985. 272-273쪽. 초기 비트겐슈타인의 '신비적 요소'처럼 보이는 이 표현은 이 후 '실천의 요소'와 '일상적 경험'으로 연결된다. 비트겐슈타인의 전과 후는 분리된 것이 아니다. (에티엔 발리바르. 「보편의 상 아래에서」, 『일반화된 마르크스주의의 쟁점들』. 공감. 2007. 55쪽 참조)

있었다. 독재와 '제국주의'와 '매판 자본'에 대한 적대적 의지는 김남주를 우리의 동지로, 스승으로 받아들이게 했다.

1-3-1.

> (중략)만인을 위해 내가 몸부림칠 때 나는 자유
> 피와 땀과 눈물을 나눠 흘리지 않고서야
> 어찌 나는 자유이다라고 말할 수 있으랴
>
> 사람들은 맨날
> 겉으로만 자유여, 형제여, 동포여! 외쳐대지만
> 안으로는 제 잇속만 차리고들 있으니
> 도대체 무엇을 할 수 있단 말인가
> 도대체 무엇이 될 수 있단 말인가
> 제 자신을 속이고서
>
> ―「자유」 부분

1-3-2. 지금도 카랑카랑한 목소리로 '자유'를 노래하는 그의 목소리가 들리는 것 같다. "오늘날 우리가 김남주 이후를 말할 수 있다면, 그 이유는 민중의 고통에 대한 시인의 깊은 분노와 일체감, 그리고 착취와 억압, 차별과 배제에 맞선 민중들의 기나긴 투쟁, 패배와 죽음을 감수하지 않으면 안 되는 그 투쟁에 기꺼이 동참하려는, 자신의 시를 그 투쟁의 무기로 삼으려는 시인

의 태도에 있다."³⁾

1-3-3. 그래서 그는 이렇게 말한다.

> (중략)당신은 묻습니다
> 시를 쓰게 된 별난 동기라도 있느냐고
> 나는 이렇게 말할 수밖에 없습니다
> 혁명이 나의 길이고 그 길을 가면서
> 부러진 낫 망치 소리와 함께 가면서
> 첨으로 시라는 것을 써보게 되었다고
> 노동의 적과 싸우다보니 농민과 함께 노동자와 함께
> 피 흘리며 싸우다 보니
> 노래라는 것도 나오더라고 저절로 나오더라고
> 나는 책상머리에 앉아 시라는 것을 억지로 써본 적이 없다고
> 내 시의 요람은 안락의자가 아니고 투쟁이라고 그 속이라고
> 안락의자야말로 내 시의 무덤이라고
> ―「시의 요람 시의 무덤」 부분⁴⁾

1-4. 그러나 나는 시를 (그때도, 지금도) 의지하지 않는다. 그

---
3) 진태원.「김남주 이후」.『을의 민주주의』. 그린비. 2017. 50쪽
4) 김남주.『김남주 시선집』(염무웅 임홍배 엮음). 창비. 2014. 525쪽

리하여 시에 관한 한 김남주의 시는 '시'가 아니었다. '시인의 태도'와 의지가 시와 무슨 인과적 연관이 있다는 말인가? -1980년대와 1990년대는 그랬다. (아포리아가 아니라 시와 의지를 분리함으로써 나는 나의 시인이 되었다.) 그러나 지금 ('시'가 아니라고 생각했던) 그의 시가 가끔씩 나에게 시로, 감동으로 다가온다. 그 동안, 나에게/우리에게 무슨 일이 있었던 것일까?

2. 오래된 질문을 던져보자. 시란, 예술이란 무엇인가? 발터 벤야민은 다음과 같이 메모했었다. "예술의 두 기능: 1)인류를 특정한 이미지들과 친숙해지도록. 그것을 추구하다 보면 똑같은 이미지들이 생겨나게 될 어떤 목적들이 의식에 주어지기 전에, 친숙해지도록 만드는 일. 2) 그것들이 실현되면 사람들 스스로에게 파괴적으로 작용하게 될 어떤 사회적 경향들로 하여금 이미지의 세계에서 자신의 정당한 권리를 갖도록 도와주는 일 … 예술은 자연에 대한 개선 제안이다. 그것은 따라 하기는 하지만 이 행위의 가장 내밀한 본질은 먼저 해 보이기이다. 달리 말해 예술은 완성시키는 미메시스다."[5] (번역상의 문제로 조금 애매한 표현이지만) 하고자 하는 얘기는 '미래의 이미지'를 완성하고, 그것이 내포한 파괴적 힘들이 사람들을 통해 현재화되도록 하자는 것.

---

5) 발터 벤야민. 「기술복제시대의 예술작품」관련 노트들」. 『기술복제시대의 예술작품』. 길. 2007. 219쪽

2-2. 벤야민이 기획하는 것은 지금껏 억압받는 자들이 살고 있는 이 역사적 '예외상태'를 현실적이고 보편적인 예외상태로 도래시키는 일이며,(테제8) 지금 이곳을 균질하고 공허한 시간이 아니라 지금시간(Jetztzeit)으로 충만된 시간(테제14)으로 바꾸는 것이었다. 경과하는 시간이 아니라 그 속에서 시간이 멈춰서 정지해버린 현재라는 개념을 이 역사적 유물론자는 포기하지 않았다. 왜냐하면 그러한 현재 개념이야말로 그가 자기의 인격을 걸고 역사를 기술하는 현재를 정의하기 때문이다.(테제16) 멈춰버린 시간, 그 시간은 메시아의 시간이며 균질하게도, 공허하게도 경험되지 않는 시간의 단락들, 예외상태들, 숨겨진 품속의 그 미래에는 "메시아가 들어올 수 있는 작은 문"(부기B)이 있다고 벤야민은 생각했다.[6]

2-2-2. 시란, 예술이란 지금시간(Jetztzeit)의 고통을 이미지로 응축시키면서, 그 고통이 이미지를 통해 스스로 해방의 문을 열도록 하는 것이다. 메시아적 시간의 도래 …

    오 자유여 무서운 이름이여
    나는 부르지 않으리 그대 이름을 함부로

    내란의 무기 위에서 시가전의 바리케이드에서

---

[6] 발터 벤야민,「역사의 개념.에 대하여」,『역사의 개념에 대하여. 외』, 길, 2008. 336-350쪽 참조

피의 꽃으로 내가 타오르는 그 순간까지는
―「피여 꽃이여 이름이여」 부분[7]

2-3. 아포리아; 그러나 의지가, 그 이념이 작품의 질을 직접적으로 담보하는 것은 아니다. 우리가 김남주라는 시인의 개인사를 괄호치고 그의 시를 읽었을 때도 과연 그의 시들이 감동적일(이었을)까? 그의 시들은 작품으로서가 아니라 인간 '김남주 효과'로서만 존재하는 것은 아니었을까?

2-4. 아포리아; 그러나 다른 한 편, 시와 시인은 '반드시' 별개의 것이어야 한다는 나의 생각(김남주가 쓴 시는 김남주라는 개인의 개인사와는 별개의 것으로 읽혀져야 한다는)은 미학적으로 불충분한 생각이 아닐까? 그것은 과연 분리될 수 있는 것일까?

3. 이렇게 말하는 것은 나의 편향일 것이다. 그럼에도 이야기하자면, 자본주의의 정치경제학 비판을 통과하지 않은 사회 비판과 미학과 시학은 허약한 것이다. (나는 '공허한 것이다'라고 적었다가 지웠다.) "마르크스에 따르면 우리는 자본주의를 자신이 활용하는 노동력과 동시에 그 생산 수단을 재생산함으로써 영속적으로 존재하는 하나의 사회 구조로 이해해서는 안된다.

---

7) 김남주, 『김남주 시선집』(염무웅 임홍배 엮음), 창비, 2014.

자본주의는 자기 자신의 생명력[즉 노동력]을 길어 올림과 동시에 더 이상 이윤을 획득하는데 도움이 되지 않는 순간 바로 이 생명력을 쓰레기처럼 내다버리는 장소인 (생명이 살아 숨쉬는) 자연 환경에 기생하는 기생식물처럼 발전 한다."[8] 이것이 우리 의지의 시발점이다. (마르크스를 인용하지 않고 굳이 자크 비데를 인용했다. 김남주가 살았던 시대를 우리는 훨씬 많이 지나왔고 더 많이 복잡해졌고, 불행하게도 더 많이-잘게 예속화되었다.)

3-2-1. 지금 여기 김남주라는 시인이 살아 있다면, 그는 어떤 시를 썼을까?

3-2-2. "김남주는 하나의 아포리아(aporia)다."라고 하면서 내가 김남주를 호명하는 이유는 무엇일까?

3-4. 미셸 푸코는 언젠가 프랑크푸르트 학파 중 몇 명과 사르트르가 자신을 "역사를 '부정하는 사람' 혹은 역사를 '거부하는 사람'이라고 주장"하는 것에 대해 다음과 같이 맞받아쳤다. "내가 그들에 대해 말한다면 그들은 다른 사람들이 이미 만들어 놓은 대로 역사를 사용하는 '역사의 소비자'라고 할 수 있을 것입니다."[9]

---

8) 자크 비데. 『마르크스의 생명 정치학-푸코와 함께 마르크스를』. 오월의 봄. 2020. 35쪽
9) 미셸 푸코. 『푸코의 맑스』. 갈무리. 2004. 121쪽

마찬가지 질문을 우리 스스로에게 던져본다. 우리는 지금 역사를 소비하고, 자본주의를 소비하고, 정치를 소비하고, 감동을 소비하고, 문화를 소비하고, 그리하여 시를 소비하고 있는 것은 아닐까? '아포리아'는 나의 이 혼돈의 다른 표현이다.

4. 끊임없이 (다시) 묻게 되는 질문; 시(문학)란 무엇일까? "문학-다른 단어들과 똑같은 단어들이지만, 충분히 그리고 적절히 선택되고 배열되어 이 단어들을 통해 말할 수 없는 어떤 것이 나타나게 되는"[10] 그런…?

4-1. 미셸 푸코는 '문학이란 무엇인가'라는 질문은, '인간'이라는 개념처럼, 근대 이후에야 만들어진 질문 혹은 개념이라고 말한다. "'문학이란 무엇인가'라는 질문은 대략, 그 질문이 형성될 수 있었고 이후 우리에게까지 이어져 온, 말라르메(1842-1898)의 작품이라는 사건 이래로 생겨난 것이라 말할 수 있습니다. 그러니, 문학이라는 것은 나이가 그리 많지 않습니다."(107). 18세기 말에 수사학이 사라지면서 "스스로가 문학으로 변형되는 이 기호와 놀이를 정의해야 하는 책임을 지게"(122)된 문학은 과거의 '문학'과 결별하게 되었다는 것이다.

---

10) 미셸 푸코. 「문학과 언어작용」, 『거대한 낯섦-문학에 대하여』. 그린비. 2023. 111쪽 (1964년 12월 벨기에 브뤼셀 생루이스대학 강의) (이하 문단 끝의 숫자는 이 책의 쪽수임.)

"고전주의 시대에, 여하튼 18세기 말에, 언어작용이 빚어낸 모든 작품은 작품이 복원해야만 하는 어떤 말 없는 원초적 언어작용과 관련하여 존재했습니다. … 이 말없는 언어작용, 언어작용들에 앞서는 이 언어작용은 당시 '신'의 말씀, 전범(典範)이었으며 성서, '고대인'이었습니다. 당시에는, 말하자면 모든 것의 이전에 존재하는, 진리이자, 자연이자, '신'의 말씀이면서, 자신안에 모든 진리를 숨기는 동시에 진리를 말하는, 한 권의 책이었습니다."(134)

4-1-2. 고전주의 시대의 문학에 대한(혹은 시에 대한) 정의 혹은 통념은 지금까지도 우리에게 남아있다. 우리는 아직도 시가 '그 무언가'를 찾아가는, 숨어있는 '그 무엇'을 이야기하는 것으로 생각하고, 쓴다. '자연의 아름다움'을 노래하는, '삶의 신비와 지혜'를 노래하는 것은 지금의 문학이 아니라, 오래된 습속과 전통의 글쓰기일 따름이다.

4-2. 그렇다면 근대 문학의 표식은 무엇인가? 근대 문학으로서의 "19세기 문학의 역사성은 의무적으로 문학 자체에 대한 거부를 경유하며, 이 거부는 그 부정 작용의 매우 복잡한 실타래 모두에서 취해져야 합니다. 보들레르, 말라르메, 초현실주의자 누구든 상관없이, 모든 새로운 문학적 행위는 적어도 네 가지 부정 작용, 거부, 혹은 살해의 시도를 함축한다고 믿습니다. 첫째는 다른 사람들의 문학에 대한 거부입니다. 둘째는 다른 사람들이 문학을 행할 권

리 자체에 대한 거부, 다른 사람들의 작품이 문학일 수 있다는 것에 대한 이의제기입니다. 셋째는 스스로가 문학을 행할 권리에 관련된, 자기 자신에 대한 거부와 이의제기입니다. 마지막으로 넷째는 문학 언어작용의 사용에 있어 문학에 대한 체계적이고 완전한 살해 이외의 것을 말하거나 행하는 것에 대한 거부입니다."(115)

4-2-1.
  떠나버렸어 폭탄을 던지듯
  던져버리고 꺼져버렸어 진정한
  용기가 만용으로 통하는 거리에선
  만용이야말로 미의 원천이라고
  파괴는 박해자를 향해 최초로
  봉기하는 자를 기다리고 있다고
  Yes냐 No냐 그것 내 맘대로라고
  그러나 어느 쪽이건 분명히 하라고
  모름지기 산이 되라고 바위가 되라고
  사내가 되어 죽음이 되라고 결코
  바람개비가 되지 말라고
  만용과 파괴 이것이야말로 우리를
  우리의 사랑을 결속시켜주는
  가장 좋은 선물이라고

  폭탄을 던지듯 던지고

꺼져버렸어 여자는

―「여자는」 부분[11]

4-2-2. 나는 문학(시)은 이 위반과 거부와 '파괴'와 죽음에 있다고 배워왔다. 다른 시인들의 모든 시는 내가 극복해야 할, 시 아닌 것들이었고, 나의 시조차도 궁극에는 극복되고 버려져야 할 것들이었다. 그러나, 동시에 그것을 극복하기 위해 '그 무언가'를 찾아가는 것 또한 문학(시)이라고 배우고, 써 왔다. 이율배반의 이 둘은 공존할 수 없는 것이었을까? 위반과 거부와 죽음이 '차이'에서 오는 것이라면 '그 무언가'는 근원적인 '동일성'에서 오는 것이다.

5. 동일성과 차이는 늘 이율배반적인 것일까? "우리가 강조하고 싶은 것은 규칙은 없다는 것이다. 규칙은 제기하는 질문, 취하는 관점, '동일성'을 의도하느냐 혹은 '차이'를 의도하느냐에 달려 있다."[12]

5-2. 물론 이 문제는 간단한 문제가 아니다. 니런버그 부자(父子)는 이것을 아패틱(apathic)과 패틱(pathic)으로 설명한다. "우리는 모아지거나 분리될 때 동일함을 유지하는 대상, 물

---

11) 김남주.『김남주 시선집』(염무웅 임홍배 엮음). 창비. 2014.
12) 데이비드 니런버그, 리카도 니런버그.『지식의 기초』. 아르떼. 2023. 31쪽 (이하 문단 끝의 숫자는 이 책의 쪽수임.)

건, 사물, 범주, 개념, 존재 들을 아패틱(apathic)하다고 부를 것이다. 그 밖의 모든 것을 우리는 패틱(pathic)하다고 부를 것이다. '패틱'한 존재는 차이를 허락하고 변화를 겪는다. … 인간과 세계에 대해 특정한 질문을 제기할 때 사유 대상들이 전제하는 가정들과 이런 대상들에 맞는 접근법도 함께 탐구하지 않으면 근본적인 오류에 빠질 위험이 있다."(246)

그들은 이런 비유를 든다.

"당신이 침대에서 잠을 잘 때 땅의 관점에서 보면 당신의 위치는 상대적으로 아패틱하다. 여덟 시간 동안 (운이 좋다면) 어느 정도 같은 자리에서 잠을 잔다. 그러나 태양에서 본다면, 당신은 계속 다른 곳에서 나타난다."(247)

5-2-2. 그들은 지금 아패틱한, 동일성의 세계관을 비판하고 있는 것이다. "지금까지 수천 년에 걸친 지식의 역사를 훑어보면서 우리는 이미 동일성의 기초로 제시된 수많은 후보자를 만나 봤다. 이 모든 후보자는 오류로 판명됐고, 무지, 습관, 편견 혹은 이론적 가정의 생산물로 드러났다. 기억을 떠올려 보면, 피타고라스, 플라톤, 아리스토텔레스, 그리고 스콜라철학의 신봉자들은 하늘이 순수 동일성의 거처라고 믿었다. 이들은 태양과 다른 별들은 수(그리고 음악)의 법칙처럼 변하지 않는 주기적 경로에 따라 움직인다고 믿었다."(264)

5-2-3. 나는 지금 인식론을 이야기하고 있는 것이 아니라, 문

학 혹은 시(詩)에 대해 이야기하고 있는 것이 맞다. 동일성 혹은 근거(주의)에 대해 비판하고 있는 것이다.

5-2-4. 김남주의 투쟁과 혁명, 피와 칼도 동일성 혹은 근거(주의)에 빠져있는 것이 아닐까?

> 결코 죽음으로 간 것은 아니다
> 결코 죽음으로 간 것은 아니다
> 그렇듯이 모든 것이 혁명도 그렇듯이
> 한 나무의 열매가
> 한 종자의 묻힘에서 비롯되듯이
> 그들의 죽음 또한
> 그들의 죽음 또한
> 한 나무의 열매를 위하여
> 하나의 씨앗이 되고자 했을 뿐
> 한 나무의 생명을 키워주는
> 재가 되고 거름이 되고자 했을 뿐
> 한 나무의 성장을 지속시켜주는
> 피가 되고 살이 되고자 했을 뿐
>
> 뿌리가 되고자 했을 뿐
> ―「그들의 죽음은 지나간 추억이 아니다」 부분

앞서 말했듯이, 김남주와 우리의 70년대와 80년대는 정치적 독재와 '매판', 독점 자본와 싸워야 했던 시대였고 그 시대는 우리의 죽음도 요구했다. 가야할 길은 명확했다. 김남주 시의 힘은 그가 그렇게 살아왔고 그 죽음을 받아들였기 때문인지 모른다. 그러나 한편으로 생각하면 그 길은 '그 무엇으로 가는 길' 혹은 동일성으로 회귀하는 길이었는지 모른다.

5-3. 물론 우리가 차이와 위반과 죽음이 문학(시)의 본령이라고 하더라도 동일성과 근거에 대한 사유와 관심이 의미 없는 것이고 할 수는 없다. 차이를 보고 느끼기 위해 현실적으로 우리는 멈춰 서야 한다. 그러나 멈추는 순간 나는 동일성의 세계에 빠져버린다. 이것이 우리의 아포리아(aphoria)였다.

5-4. 근거와 동일성이 이론의 영역이라면 차이의 드러냄과 위반과 죽음의 실행은 실천의 영역이라고 할 수 있을 것이다. 발리바르는 스피노자와 비트겐슈타인을 비교하면서 그 비교의 아포리아에 주목한다. "스피노자의 경우에 이론의 언어로 관념론적으로 번역되었던 것은 분명 실천의 문제였던 반면, 비트겐슈타인의 경우에는 결국 실천의 언어로 번역되었던 것이 이른바 이론의 문제였다. 그러나 나는 매개, 즉 '체계'에 대해 검토하기보다는 오히려 아포리아 그 자체에 주목하고 싶은데, 내 생각으로는 여기서 그것이 가장 결정적인 측면이기 때문이다."[13]

5-4-2. '아포리아 자체에 주목'한다는 것은 무슨 의미일까? 발리바르 식으로 이야기하자면, 혁명(혹은 혁명의 시)이 무한으로 혁명(차이의 드러냄과 위반과 죽음의 실행)이 되지 않는다면 그 혁명은 동일성으로 회귀하는 이론의 영역이 된다. 동시에 혁명(차이의 드러냄과 위반과 죽음의 실행)이 무한 반복하면서 현실 속에 정착하지 않는다면 그것은 아나키즘적인 낭만에 다름 아니게 된다. 이 아포리아를 뛰어넘는 방법은 이 둘을 동시에 사고하는 것일 것이다.

6-1. 처음의 질문으로 돌아와 보자. 나는 왜 가끔씩 김남주의 시를 보면서 감동을 받는가? 김남주의 시에 존재하는 '위반'과 '죽음'이 우리의 시에서, 나의 시에서 사라졌기 때문이 아닐까?

6-1-2. 이제 아무도 계급을 이야기하지 않고, (차이의 드러냄과 위반과 죽음의 실행으로서의)혁명을 이야기하지 않고, 역사와 사물과 꽃과 노동자와 민족과 슬픔과 고요 등등을 소모하고 있기 때문은 아닐까?

6-2.
    이렇게 수정되어야 합니다

---

13) 에티엔 발리바르. 「보편의 상 아래에서」. 『일반화된 마르크스주의의 쟁점들』. 공감. 2007. 53쪽

>   만인을 위해 싸울 때 나는 자유다라고
>   일하지 않고 배부른 자가 살아 있는 한
>   살아 숨 쉬고 있는 한
>   자연과 인간은 더러움에서 때를 벗지 못하고
>   자유란 것도 허구다
>
>   −「허구의 자유」 부분

 여러 시에서 반복되는 이 시 구절처럼 우리는, 우리의 시는 무엇과 싸우고 있는 것일까? 혹은 우리는 무엇과 함께 하고 있는 것일까?

 시인들이여, 영원히 아포리아와 함께 하기를!

바깥의 사유, 바깥의 시

1. 바깥의 사유

1-0. '바깥의 시'라는 규정을 뒷받침하기 위하여 '바깥의 사유'라는 푸코, 블랑쇼 그리고 발리바르의 논의를 짧게 언급해 볼 것이다.

1-1. 현대 혹은 현대 사상은 긍정적 측면이든 부정적 측면이든, 주체와 주어의 부재로 향하였다. 그리하여 존재가 아닌 존재의 부재를 통해 바깥이 드러났고, '바깥의 사유'도 등장한다.

1-2. "언어라는 존재는 주어의 사라짐 속에서만 그 자체로 모습을 드러낸다. 어떻게 이 낯 선 관계에 접근할 수 있을까? … 주관성의 한계를 드러나게 하기 위해, 그것의 종말을 표명하기 위해, 그 분산을 빛나게 하기 위해, 그리고 오로지 그 주관성의 난공불락의 부재만을 받아들이기 위해 자리잡는 … 이 사유가 … 우리가 한마디로 '바깥의 사유'라 부를 수 있음직한 것을 구성

한다."[1)]

1-2-2. 이 '바깥'에 대해 우리는 우선은 긍정적으로 바라볼 필요가 있다. 내부의 동어반복과 동일성을 벗어나기 위해 사유와 철학, 그리고 시가 존재하는 것이 아닌가?

1-3. '바깥'으로 우리를 내밀도록 강제하는 것은 주지하듯이 근대 이 후의 우리의 죽음, 세계의 부재, 나 자신과의 관계의 결렬 등 때문이다. 그 '바깥'에서 우리는 나와 비슷한 타자들을 만나면서 (푸코와 '바깥의 사유'를 주고받은 블랑쇼의 논의를 빌리자면) "나의 죽음의 경험이 '내'가 겪어야 하는 바깥의 경험의 하나의 모델이라면, 타자의 죽음과 마주하는 경험은 '우리'가 겪어야 하는, 내가 타인과의 관계 내에서 겪어야 하는 바깥의 경험의 모델"[2)]이 된다.

1-4. 그러나 푸코의 앞 인용 글에서 "문학, 그것은 열렬히 자신을 드러낼 정도로까지 자신에게로 접근해가는 언어가 아니라 자신으로부터 가장 먼 곳으로 투신해가는 언어"라고 표현했을 때 '바깥의 사유'는 늘 긍정적인 것으로 표상해도 좋은 것일까?
"사실 순수하게 반성적인 담론들은 모두 다 바깥의 경험을

---

1) 미셸 푸코. 「바깥의 사유」. 『미셸 푸코의 문학비평』(김현 편). 문학과 지성사. 1989. 190쪽
2) 박준상. 『바깥에서-모리스 블랑쇼와 '그 누구'인가의 목소리』. 그린비. 2014. 60쪽

내면성의 차원으로 되돌려보낼 위험을 지니고 있는 것이다; 반성은 막무가내로 바깥의 경험을 의식 쪽으로 되돌려 보내려 하며…픽션의 어휘도 똑같이 위험하다; 그것은… 상상된 바깥이라는 형태로 내면성의 낡은 이야기를 다시 꾸며내는 판에 박힌 의미들을 쏟아놓기 십상이기 때문이다."[3]

1-4-1. (이러한 비판의 측면으로 푸코를 '바깥의 사유', '바깥의 정치'를 이야기하는 사상가로만 이해하는 것은 옳지 않다.)

1-4-2. 문제는 또 하나의 측면이다. 바깥의 경험을 내부와의 관계와 거의 절연한 채 '바깥의 사유' 혹은 '바깥의 시'로 만들어 버리는 것이다. 그럴 때 우리는 그 경험을, 그 시를 이해할 수 없게 된다. 이것이 지금 나의 질문의 핵심이다.

1-5. 그런데 이 '바깥'을 우리는 (내부와의 관계에 있어서) 어느 정도의 밀접한 연결로 상상해도 좋은가? 모호하다. 이 "모호함, 내부성에 대한 반대라는 관념과 내부성과 관계 맺지 않는 '절대적' 혹은 내재적 외부성이라는 관념 사이에서 진동하는."

1-5-1. "광기 혹은 비행이나 범죄가 절대적 외부성으로부터 우리에게 말을 건다고 믿는 것은 허상입니다 … 여백은 하나의

---

[3] 미셸 푸코. 앞의 글 192쪽

신화입니다. 바깥의 말은 우리가 끊임없이 회귀하고 마는 그러한 몽상입니다. … 그 용어의 일반적 의미에서 자신의 '헤테로피아들'을 부여하는, 그러한 하나의 구체적 공간의 형태가 아니라면, 이 연결이란 도대체 무엇이겠습니까? 하지만 우리는 이러한 의미에서의 공간이라는 것이, 모든 차이화와 모든 갈등이 이 공간에 내재적이며 이 공간의 확장에 기여하기 때문에, 내부성의 등가물로도 또한 사고될 수 있다는 점을 확인하게 됩니다." 발리바르는 "내부성에 대립하는 그러한 '바깥'이 아니라, 내재적인, 혹은 단지 자기 자신에만 관련된, 심지어 자기 자신에만 대립되는 그러한 '바깥'을 사유할 수 있는 가능성"으로서만 '바깥의 사유'를 승인한다.[4]

1-5-2. 이러한 논의는 '바깥의 정치'[5]에 대한 정치적 논쟁과 연결되어 있다. 또한 이것은 정치적 논의뿐만 아니라 시적 태도에도 의미가 있을 것 같다.

---

[4] 에티엔 발리바르, 「바깥의 사유? 블랑쇼와 함께 푸코를」(배세진 역). 웹진 인무브. (https://en-movement.net/245)
[5] '바깥의 정치'라는 표현은 프랑스 철학자 브뤼노 카르젠티가 푸코 사상을 지칭하기 위해 처음 사용한 것이라 한다. 바깥의 정치 철학을 제시한 철학자로 네그리와 하트, 지젝, 바디우, 아감벤, 랑시에르 같은 철학자들을 묶을 수 있고, 그들은 자유민주주의 체제 바깥에 존재하는 진정한 정치의 장소를 발견하고 그것에 근거하여 이 체제를 넘어설 수 있는 길을 모색하는 것이 필요하다고 본다. 이에 대한 설명은 진태원. 『애도의 애도를 위하여-비판 없는 시대의 철학』. 그린비. 2019를 참고.

2.바깥의 시

2-1. "블랑쇼는, 푸코에 따르면, 자신이 명목상 그 저자인 텍스트에서의 자기 고유의 부재를 표현합니다. 작가-예를 들어 카프카와 같은 작가-는 텍스트로부터 빠져나오거나, 텍스트가 더 이상 내부성을 지니지 않도록, 그래서 이를 통해 텍스트가 '순수한 바깥'이 되도록, 주체로서의 작가가 바로 이 작가에 의해 말소되도록 합니다."[6]

2-1-2. 나는 내 시를 읽으면서 자주 이 시가 왜 써졌는지, 어떤 의미로 썼는지 알지 못한다. '부재' 혹은 '말소'는 이것을 의미하는 것일까? (그러나 적어도 나는 그것이 어떤 시공간적 맥락 속에서 썼는지는 기억한다. '순수한 바깥'이란 것이 가능할까?)

2-2.
 (…) 안 들키기만 하면 되는 거잖아요 이걸 누가 읽겠어요 있는지도 모를 텐데 내가 말해 주지 않으면 보이지도 않을 텐데 쉽게 써 봤습니다 누구는 야 정말 기막히다 할지도 모르겠지만 그냥 썼습니다 별 이유도 없고요 하지만 사실을 쓰고 싶었을 뿐 그게 미친 사랑이어도 어쩔 수 없었던 일이고요 사실 내가 제일 정상인지도 몰라요 다들 어떻게 알아 사

---
6) 발리바르. 앞의 글.

랑을 그쵸 아는 척하면서 살고 하고 그러는 거지 다 몰라서 실수하는 거예요 애도 낳잖아요 자기와 자기의 복제품이라니 정말 끔찍해요(하략)

—박참새, 「새시대」 부분[7]

2-2-2. 나는 지금 이 시에 대해, 이 시인에 대해 말하는 것이 아니다. (지면 관계로 더 많은 예를 들지 못할 뿐이다.) 개인적으로 말하자면 이 젊은 시인의 (스스로 말하고 있는) 그 '깡패'같은 패기와 진폭에 기대를 하는 쪽이다. 그럼에도 나의 질문은, 왜 이 시들이 내용적으로 잘 이해가 되지 않고, 왜 감각적으로 내게 표상되지 않는가하는 것이다. 그래서 나는 이 시인의 시들을 '바깥의 시'에 올려다 놓았다.

2-2-3. 조금은 엉뚱하게 보일 수 있는 인용을 해 보자. 알튀세르는 브레히트의 연극에 대해 다음과 같이 언급한 일이 있다. "브레히트가 특히 생산하고자 한 것은 사람들이 그 속에서 사는 자생적 이데올로기에 대한 비판이었다. 이 때문에 필연적으로 그는 자신의 희곡들에서 이데올로기의 미학의 형식적 조건들인 자기의식을 (그리고 그것의 고전주의적 파생물들인 통일성의 규칙들을) 배제하지 않을 수 없었다. 브레히트의 희곡들에서는 어떤 인물도 드라마의 조건들의 총체를, 반영된 형태로, 자신

---

7) 이 시집은 2023년 제42회 〈김수영 문학상〉을 받고 나온 시집이다.

속에 포괄하지 못한다. 브레히트에게 드라마 전체의 거울인 총체적이고 투명한 자기의식이란 이데올로기적 의식의 형상에 불과할 뿐이다."[8]

형식적 조건과 규칙, 그것에 관한 자기의식, 총체성 등등, 이 모두는 알튀세르에게 이데올로기적 장치에 다름 아니었다. 시는 그 모든 것에 대한 파괴라고, 우리는 시를 시작하면서 배웠다. 그리고 위 시인은 그 모범을 따랐고, 그 모든 이데올로기와 관계가 없어 보인다. 그렇다면 지금 그에게 무엇이 더 필요하다고 나는 요구하는 것일까? (그러나 정당한 요구인가?)

2-2-4. 어쩌면 나는 너무 나이든, 낡은 시인이 아닌가, 하는 자기 검열의 팻말이 올라온다. 그럼에도, 전에 한 번 인용한 적이 있는 마슈레의 다음 구절을 다시 인용해 본다. "순전히 기교적인 이 실재 뒤에서, 이 실재를 이용하는 생산체계를 식별할 줄 알아야 한다."[9] 생산체계 혹은 생산관계에 대한 식별과 인식은 우리에게 '아리아드네의 실'이다. 우리가 언젠가는 역사로부터 버림받을지 몰라도, 우리는 돌아가야 할 가는 실 정도는 잡고 있어야 하지 않을까?

2-3. 사실 '바깥의 시'라는 것은 불가능한 것이 아닐까? 왜냐하면 시인은 사실을 작동시키는 사람이 아니라 사실에 대해 말을 하는 사람이고, 또 그 말은 사실들과 사물들의 복잡한 관계

---

8) 루이 알튀세르. 「피콜로 극단」, 『마르크스를 위하여』. 후마니타스. 2017. 252쪽
9) 피에르 마슈레. 『문학생산이론을 위하여』. 백의. 1994. 72쪽

들 속에서 나타나는 것이기 때문이다. 1-5-1의 발리바르의 말처럼 바깥은 나 개인에 대한 가능성의 영역일 수는 있다. 그러나 타자들의 바깥은 순수한 바깥이 될 수 없는, 역사 내부의 등가물이다. 그러니, 너무 많이 돌아다니면 다리가 아프니 '너무 움직이지 말자.'[10]

---

10) 지바 마사야. 『너무 움직이지 마라-질 들뢰즈와 생성변화의 철학』. 바다. 2017 에서 인용.

경물(敬物)의 시학은 가능한가?
― 저 새소리는 시천주(侍天主)의 소리인가 천주(天主)의 소리인가?

  0. 언젠가 나는 '시적 대상과 사물'에 대한 글을 썼다. 그 글을 다시 읽으면서, 사유 내용의 부족함은 말할 것도 없지만, (물질과 대상에 대한) 사유관점의 허술함에 대해 부끄러움을 느꼈다. 그러다 몇 개월 전 이하석 시인의 새로운 시집『해월 길노래』(한티재. 2023) 북콘서트를 준비하면서 해월 최시형(1827-1898)의 '경물(敬物)'에 대해 조금 읽게 되었다. 경천경인경물(敬天敬人敬物)의 경물(敬物)! 얼핏 생각하면 어렵지 않은 개념이지만, 그것의 논리와 시(詩)적 실천은 쉽게 다가갈 문제가 아니었다. 그리하여 나는 지금 '경물(敬物)의 시학은 가능한가?'라고 묻고 있다.

  1. 우리는 동학의 그 이야기를 '알고' 있다; 사람이 바로 한울이니 사람과 만물을 접촉할 때 한울처럼 공경하라.(人是天 事人如天)

1-1-1. 해월 사상의 요체의 첫 번 째는 수운(水雲)의 주 가르침인 시천주(侍天主)의 근거로서 '인시천(人是天)'과 '물물천(物物天)'을 설명하는 것이다; "우리 사람이 태어난 것은 한울님의 영기를 모시고 태어난 것이요, 우리 사람이 사는 것도 또한 한울님의 영기를 모시고 사는 것이니, 어찌 반드시 사람만이 홀로 한울님을 모셨다 이르리오. 천지만물이 다 한울님을 모시지 않은 것이 없느니라. 저 새소리도 또한 시천주의 소리니라."[1]

1-1-2. 해월 사상의 요체의 두 번 째는 이것을 자신의 것으로 소화하는 공부 과정으로서 '수심정기(守心正氣)'와 '독공(篤工)'을 설명하는 것이다.[2]

1-1-3. 해월 사상의 요체의 세 번 째는 공부를 한 이 후의 효

---

[1] 『海月神師法說』「靈符呪文」, "吳人之化生 侍天靈氣而化生 吳人之生活 亦 侍天靈氣而生活 何必斯也 獨謂侍天主 天地萬物 皆莫非侍天主也 彼鳥聲 亦是侍天主之聲也"

[2] 守心正氣-수심정기는 모든 어려운 가운데 제일 어려운 것이니라. 비록 잠잘 때라도 능히 다른 사람이 나고 드는 것을 알고, 능히 다른 사람이 말하고 웃는 것을 들을 수 있어야 가히 수심정기라고 말할 수 있는 것이니라.(위의 책.「守心正氣」, "守心正氣 萬難中 第一難也 雖昏寢之時 能知他人之出入 能聽他人之言笑 可謂守心)

篤工-독실하게 공부해서 이루지 못할 것이 없다. 내가 신유년 여름에 도를 받은 뒤로부터 독실하게 공부할 뿐이더니, 얼음물에 목욕하여도 따스한 기운이 돌고 불을 켜도 기름이 줄지 아니하니 정성들여야 할 것은 도학이니라.(위의 책.「篤工」, "篤工而不成者 未之有也 余 自辛酉之夏 受道而篤工而已 浴氷而生溫 焚膏而無減 誠之哉道學)

과인 '정기지인(正己知人)[3]'과 '경물(敬物)'을 설명하는 것이다. 그렇다면, 경물은 무엇을 이르는 것일까?; "만물이 시천주 아님이 없으니 능히 이 이치를 알면 살생은 금하지 아니해도 자연히 금해지리라. 제비의 알을 깨뜨리지 아니한 뒤에라야 봉황이 와서 거동하고, 초목의 싹을 꺾지 아니한 뒤에라야 산림이 무성하리라. 손수 꽃가지를 꺾으면 그 열매를 따지 못할 것이요, 폐물을 버리면 부자가 될 수 없느니라. 날짐승 삼천도 각각 그 종류가 있고 털벌레 삼천도 각각 그 목숨이 있으니, 만물을 공경하면 덕이 만방에 미치리라."[4]

1-2. 이것을 조금이라도 이해하기 위하여 나는 다른 우회로를 돌아 와 보겠다. 그래서 나는 (여러 인물들을 이 이름으로 하나 되게 묶을 수는 없지만) 신유물론자들 중 한 사람을 경유해 보기로 한다. 신유물론은 '물질의 행위성을 긍정함으로써 인간중심주의(anthropocentrism)에서 벗어나 인간과 지구 시스템의 관계를 새롭게 정립'하려고 지향성을 공통적으로 가진다. 또한 사물들을 타자들과의 관계에서 독립적인 실체들로 이해하지 않고 사물들을 관계들의 네트워크 내지 배치로 이해하고

---

[3] 正己知人-맑고 밝음이 몸에 있게 되고 그래서 아는 것이 귀신과 같게 된다. 맑고 밝음이 몸에 있게 된 근본 마음은 곧 진리를 지극하게 찾았기 때문이다.(위의 책. 「待人接物」, "淸明在躬 其知如神 淸明在躬之本心 卽 道至而盡矣")
[4] 위의 책.「待人接物」, "萬物 莫非侍天主 能知此理則 殺生 不禁而自禁矣 燕雀之卵 不破以後 鳳凰來苗 不折以後 山林茂盛矣 手折花枝則未摘其實 遺棄廢物則 不得致富 羽族三千 各有其類 毛蟲三千 各有其命 敬物則德及萬邦"

자 한다.[5]

2. "감정, 욕망 그리고 경험은 인간의식의 유일한 특성 또는 능력이 아닙니다. 물질도 느끼고, 대화를 나누며, 겪고, 욕망하고, 갈망하며 기억합니다."[6]

2-1. 카렌 바라드(1956-)는 이론물리학을 공부하고, '행위적 실재론'을 주장하는 학자이다. 물리학을 전공한 인문 학자답게 그의 이론들은 현대과학의 결과들 위에서 출발하여서, 현대과학에 대한 지식이 조금이라도 있다면, 어떤 면에서 다른 이론가들의 이야기보다 이해하기가 쉽다. 가령 우리가 손으로 커피 잔을 잡았을 때 손과 커피 잔의 경계는 어디서부터 어디까지일까? '자연적 태도'를 가진 일반인에게 그 질문은 어리석다. 그런데 카렌

---

[5] 스피노자의 실체, 속성, 양태 개념을 동학의 사상과 비교하는 것은 아직 어렵다. 다만 각각의 모든 사물들을 관계적이라고 보는 관점은 같다고 보인다. 경물도 이런 관점에서 고려해볼 수 있지 않을까? "각각의 사물은 일정하고 규정된 방식으로 특정한 외부 원인에 의해 존재하고 작동하도록 결정되기 때문입니다. 동의하신다면, 돌맹이가 움직이면서 자신이 계속하여 움직이기 가능한 모든 노력을 하고 있다는 것을 알고 있고 또 그렇게 생각하고 있다고 가정을 해보겠습니다. 분명 이 돌맹이는 자신의 노력에 대해서만 의식을 하고 있고 무관심하지 않기 때문에 자유롭다고 믿을 것이며, 오로지 자신이 원한다는 이유만으로 운동을 계속하고 있다고 믿을 것입니다. 이런 것이 바로 모든 인간이 가지고 있다고 자부하는 인간만의 자유이며, 이 자유는 인간들이 자신의 욕망에 대해 의식하고 있으나 욕망을 규정하는 원인을 모르는데서 비롯되는 것입니다."(스피노자. 『스피노자 서간집』. 아카넷. 2018. 331쪽. 서신58)

[6] 카렌 바라드. 「카렌 바라드와의 인터뷰」. 『신유물론-인터뷰와 지도제작』(릭 돌피언 등). 교유서가. 2021. 82쪽

바라드는 1922년 노벨물리학상을 받은 닐스 보어(1885-1962)의 논의로부터 물질을 논한다.

"보어는 존재론적으로 기초적인 실체들로서 '사물들'을 취하는 원자론적 형이상학을 거부한다. 보어에게 사물/사태는 고유하게 결정된 의미를 가지고 있지 않는다. 보어는 주체와 객체, 그리고 앎과 알려지는 것 사이의 고유한 구분에 대한 데카르트적 믿음에 관해 의문을 던지는 것이다.…보어에 따르면 일차적인 인식론적 단위는 고유한 경계들과 속성들을 가진 독립적인 객체들이 아니라, 오히려 현상이다. … 물질은 어떤 고정된 실체를 지칭하지 않는다. 그보다 물질은 그 [독립 개체들 사이의 상호 작용 interaction이 아니라] 내부-작용(intra-action)하는 생성 안에 있는 실체다. 그것은 어떤 사물/사태가 아니며, 하나의 함(doing)이며, 행위작용의 응결이다."[7]

바라드에게 우리가 손으로 잡은 커피잔과 손의 경계는 '불확정적'이다. 그녀에게 세계는 존재론적 분리 불가능하고 따라서 공간적으로도 불가분한 것이다. 익히 아는 '파인만 씨'도 "모든 사물은 그 주위에 어떤 선을 지니지 않는다. 그런 선은 없다. 그

---

7) 카렌 바라드, 「포스트휴먼 수행성-물질은 어떻게 물질이 되는가에 대한 이해를 위해」 (역 박준영)
  https://brunch.co.kr/@nomadia/98

것은 오직 어떤 선이 있다는 우리 자신의 심리적 구성 안에 있다."(파인만.『파인만의 물리학 강의(제1권36장)』)[8]고 한 바 있다. 그러므로 우리 몸의 경계도 겉으로 보기에 자명해 보이지만 사실 그 본질은 문화적, 역사적으로 '만들어지고 있는' 특정한 신체적 수행의 반복의 결과라고 바라드는 주장한다. 그리고 "타자는 자신의 피부 뿐만 아니라 자신의 뼈, 자신의 배, 자신의 심장, 자신의 세포핵, 자신의 과거와 미래 안에 있기" 때문에 우리는 우리와 얽혀있는 타자들에 대해 언제나 이미 책임이 있다고 설명한다.[9]

2-2. 물질과 개체의 본질로부터 타자로 넘어가는 바라드의 윤리적 사유는 스스로도 밝히듯이 에마뉘엘 레비나스(1906-1995)로부터 영향을 받은 것이다.

"신체의 감성적 경험은 이미 육화되어 있다. 감성적인 것은, 즉 모성, 상처받기 쉬움, 포착 등은 자신의 각지보다 훨씬 큰 얽힘 속에서 육화의 매듭을 묶는다. 이 얽힘 속에서 나는 나의 몸에 묶이기 전에 타자에 묶여 있다."[10] 레비나스에게 타자는 (혹은 타자의 타자인 나는) 서로 얽혀져 있는 존재이다. (양자물리학에서는 그것을 '양자얽힘' quantum entanglement이라고 한다.)

---

8) 박신현.『캐런 바라드』. 컴북스캠퍼스. 2023. 23쪽에서 재인용
9) 앞의 책. 62쪽
10) 레비나스.『존재와 달리 또는 존재성을 넘어』. 그린비. 2021. 167쪽

이러할 때 물질은 '타자를-위하는 장소'가 된다. (물질은) "의미작용이 공시성의 체계 안에서, 즉 언어적인 체계 안에서 말해진 것으로서 드러나기에 앞서 의미화하는 방식이기 때문이다. 주체로 살과 피로 이루어진, 배고픈 인간이자 먹는 인간이고, 피부안의 장기이며, 그래서 자신의 입에서 빵을 줄 수 있는 또는 자신의 피부를 줄 수 있는 자이기 때문이다."[11]

2-3. 그런데 레비나스로부터 우리는 중요한 질문과 대답을 동시에 요구 받는다. (시인들이 자주 빠지는 '허세'의 습관을 생각해 보라.)

"존재에 다가감"…그런 식의 발언이 전제하는 외재성은 이미 주제화, ~에 대한 의식, 말함과 말해진 것의 자족적인 상관관계에서 빌려온 것이다. 존재에 다가감은 존재의 현현 또는 존재론만큼이나 동어반복적인 생각을 언표한다.…감성적인 것의 고유한 의미작용과, 주제화의 의미작용 및 주제화된 채로의 주제화된 것의 의미작용 사이에는 심연이 놓여 있다.[12]

시인들은 이 심연이 무엇을 의미하는지 알 것이다. (생각해 보라!) 레비나스 답은 이것이다. "의미작용은 오직 육화로만 가

---

11) 앞의 책. 169쪽
12) 앞의 책. 150쪽

능하다. 생동함, 심성의 호흡, 동일성 안의 타자성은 타자에 노출된 신체의 동일성인데, 이것이 '타자를 위함'을 이룬다. 즉 줌의 가능성이 된다."[13]…육화! 이것은 어떻게 (시적으로) 실천되는 것인가?

3-1. 놀랍게도 오래전 이하석 시인은 '사물들'의 시를 썼다. 김현 평론가는 이 시들에 대해 '광물질의 상상력'이라고 표현했다. 무작위로 뽑은 시 한 부분을 읽어보자.

> 철모와 수통은 우연히 만나, 조수 속 기우뚱거리며
> 쓸려내려간다, 굴 껍질 딱딱한 바위 기슭에
> 때로 휴전처럼 쉬며, 탄흔의 질린 표정을
> 굴 껍질 밑에 서로 숨기면서, 망가뜨려진 몸으로 갖는
> 그들의 휴식과 비탄은 공허하다, 전쟁도
> 그 이상의 평화도 수고의 값도 없이,
> 오직 쓸려갈 뿐, 차가운 동해의 깊이 속에
> 내던져진 채, 끊임없이 밑바닥으로만 내려가면서.[14]
> ―「철모와 수통」 부분

지금이라면 '신유물론'에 경도한 시인이 썼을 법한 글을 이하

---

13) 앞의 책. 152쪽
14) 이하석. 『투명한 속』. 문학과 지성사

석 시인은 1980년에 나온 시집 표4에 다음과 같이 썼다. "모든 존재는 신성하다. 이 평등한 사실 앞에서 인간의 삶은 좀 더 겸손하고 확실해야 하리라. 지금까지 인간은 너무 추상적인 삶의 태도를 유지해 왔으며 위로만 올라왔다. 사물에 대해선 엄격했고 극히 주관적이었다. … 모든 존재의 평등을 확실하게 그려야 한다. 인간이 그들의 과시욕을 버릴 때 그들의 들판은 맑은 물 흐르고 꽃들은 그들을 위해 향기롭게 피어나 어우러질 것이다."[15] '모든 존재의 평등'이라는 시인의 놀라운 말이 동학의 사상에서 기원했는지 화이트헤드에게서 기원했는지 알 수 없지만, 놀라운 시적 선취(先取)였다는 것은 의심할 여지가 없다.

그런데 시에 나타난 각각의 사물(객체)들이 '존재의 평등'을 유지했는지 대해선 생각을 주저하게 된다. 시적으로 '모든 존재의 평등'은 어떻게 표현될 수 있는 것일까?

3-2. 또 다른 예를 오규원 시인의 후반기 시에서 무작위로 찾아보자.

> 고욤나무가 해를 내려놓자
> 이번엔 모과나무가 받아든다
> 아주 가볍게 들고 서서 해를
> 서쪽으로 조금씩 아주 조금씩 옮긴다

---

15) 이하석, 『투명한 속』, 문학과 지성사, 1980, 표4 중

가지를 서산 위에까지 보내놓고 있는

산단풍나무가 옆에서

마지막 차례를 기다리고 있다[16]

—「서산과 해」전문

이 시를 읽으면서 우리는 연속된 하나의 이미지를 얻는다. 고욤나무-모과나무-서산-단풍나무로 이어지는 시선의 흐름을 따라 미끄러지는 저녁해의 움직임. … 아름답다. 그런데, 오규원의 후반기 시들에서 느껴지기도 하는 사물들의 우화적인 등장은 시의 대상이 과연 사물(객체) 그 자체인가하는 의문이 들게 한다. 물론 오규원 시들은 사물들이 현묘하게 결합됨으로써 나타나는 그 효과를 드러내고자 하는 시들이 많다. 그렇다면 오규원의 시에서 나타나는 사물들은 고정된 정체성을 가진, 대상으로서의 타자에 지나지 않는다고 생각해도 될 것인가?

또 다른 시를 예로 들어보자. 김해자 시인의 시다.

3-3.

꽃양귀비 붉은 꽃잎 위에 청개구리가 엎드려 있어서 나도 납작 엎드려 뭐 하나 들여다봤더니, 제 목울대로 꽃의 주름을 펴는 게 아닌가, 그 호박씨만 한 것이 앞발 뒷발로 붉은 천

---

16) 오규원.『새와 나무와 새똥 그리고 돌멩이』. 문학과지성사. 2005

꽉 부여잡고 꽈리 풍선 불어가며 다림질하는 동안 내 마음도 꽃수건처럼 펴지고 있었다

개망초 하얀 꽃잎 위에 나비가 날개를 접고 있어서 나도 땅두릅 그늘 아래서 올려다봤더니, 계란 노른자 같은 꽃술을 빨아대는 게 아닌가, 그 상추씨만 한 입으로 꽃잎을 빠는 동안 하얀 베갯잇 같은 구름이 간지러운 듯 몸을 뒤틀었다 하늘이 갓 세수한 듯 말개지고 있었다[17]

―김해자.「꽃잎 세탁소」전문)

  시에 등장하는 꽃양귀비, 청개구리, 개망초, 나비 등은 나라는 주체가 바라보는 대상이다. 그러나 그 대상은 관찰된 대상만이 아니라 내 속에 스며든, 나에게 육화된 존재들이다. '붉은 천을 다림질하는 청개구리'(붉고 푸른 빛의 대칭이 우리를 아름답게 한다)와 '몸을 뒤트는 베갯잇 같은 구름'(달콤한 노곤함이 우리를 눕고 싶게 만든다)은 우리를 이 폐허에서 견디게 하는 힘들이다.

  그런데 이것이 가능하게 하는 것은 우리의 행위, 실천이다. 시인은 '납작 엎드려 뭐 하나 들여다'보고, ' 땅두릅 그늘 아래서 올려다'보는 그 매개적 실천을 통해 대상과 섞인다. 일반적인 많은 시들에서 보이는 관조적 태도는 객체를 대상화할 뿐이다. 세계

---

17) 김해자.『니들의 시간』. 창비. 2023

와 섞이고, 육화된 의미를 생산하기 위해서 우리는 행위해야 한다. 그리고 그 행위는 대단한 일이 아니다.

시인은 말한다. "무엇보다 귀한 것은 사람이겠죠.…그런데 작은 마을에서는 누가 어찌 살고 무엇을 먹고 무엇 때문에 마음 고생하고 있는지 입체가 보여요. 언어는 뒤로 물러나고 사람의 얼굴이 전면에 보인다고나 할까요. 그런 입체적인 육체성과 분명한 정동감이 제 작품에 주인공으로 혹은 병풍으로라도 등장하는 것 같아요. 사람살이라는 게 이런 거구나 싶습니다.…저는 그것을 '날 것으로서의 삶' 혹은 '진짜 삶'이라고 부르고 싶습니다."[18]

김해자 시인은 생활을 통해 시를 '육화'한다. 그에게 삶의 고통은 생활을 통해 각각의 주체들이 서로를 나누면서 극복된다. 시인은 그것을 그려내는 것이 시의 책무라고 생각하는 것 같다. 그것은 청개구리가 붉은 꽃양귀비의 주름을 펴는 일과 같다. 이 이미지에서 그 어떤 대상도 소모되거나 소외되지 않는다. 시인은 각각의 주체들과 함께 있고, 모든 주체들을 민주주의적으로 동등하게 받아들인다.

3-4. 앞 선 글의 말미에 나는 레비나스의 "의미작용은 오직 육화로만 가능하다."는 말을 인용하였다. 육화는 형태를 가지는 것이 아니라 '살'이 되는 것이다. 미셸 앙리는 성서의 요한 복음서

---

[18] 김해자. 「문학이라는 말조차 잊고」. 『위대한 일들이 지나가고 있습니다』. 한티재. 2022. 200쪽

의 요한의 말을 해석하면서 "요한은 말씀이 신체를 취했다고, 말씀이 인간의 모습을 입었다고 말하지 않고, 그는 말씀이 '살이 되었다'라고 말"했다고 지적한다. 육화(incarnatio)는 살이 되는 것이다. 진흙을 빚어 만든 인간이 되는 것이 아니다. "땅의 진흙에서는 신체만이 있지 어떤 살도 없다. 살과 같은 어떤 것은 말씀으로부터만 도래할 수 있고 그것으로부터만 우리에게 도래한다. … 은 분자나 원자의 결합이 아니라 쾌와 고통으로 배고픔과 갈증으로 욕망과 피로로 힘과 기쁨으로 구성되어 있기에 분리될 수도 분할될 수도 없다. 이 체험된 인상들의 어떤 것도 우리는 지금까지 땅을 파서 발견한 적이 없으며 진흙을 파헤쳐서 발견한 적도 없다."[19]

육화(incarnatio)를 이해하기 위해서 우리는 대상(객체)에 대한 관점을 바꿀 필요가 있다. 대상(객체)은 '영원한 지성(nous)'을 만나기 위한 고정된 사다리가 아니다. 신비한 사유의 영지주의(gnosis)는 시의 자리가 아니다.

4-1. "객체의 주요 면모는 그것의 혼종성, 비결정성, 그리고 관계성이다."[20] 모든 주체와 대상은 '관계적'이라는 것은 현대의 대부분의 사상이 공유하는 것이다. 그러나 많은 관계적 사유는 주체 중심주의적이다. 그리고 방금 인용한 토머스 네일(1979-)은

---

19) 미셸 앙리. 『육화, 살의 철학』. 자음과 모음. 2012. 38.39쪽
20) 토머스 네일. 『객체란 무엇인가』. 갈무리. 2024. 39쪽

심지어 신유물론으로 분류되는 브뤼노 라투르와 그레이엄 하먼조차도 비판한다.

라투르의 행위자-네트워크 이론(ANT)에서는 관계가 일차적이고, 객체는 선재(先在)하는 네트워크의 결절점으로서 생겨나는데 "이 견해에 의하면 관계는 객체의 어떤 물질적 움직임도 없는 상태에서. 관계의 '변화'를 창출하는 '생동적'인 '잠재적' ('물질성이 빠져있는')힘"(네일의 책. 24쪽)에 불과하다고 비판한다.

하먼의 "객체지향 존재론(OOO)의 경우에 객체는 자신의 관계들로 환원될 수 없다. 객체는 '특정한 경계와 단절 지점'을 갖춘 '이산적'이고 '안정한' 미지의 '물자체'이다. 각각의 객체는 '진공 포장'되어 서로 격리되어 있고 자신만의 특유한 비밀 또는 '물러서 있는 본질'을 내부에 간직하고 있다."(26쪽)

이에 대한 비판으로서 네일의 주장은 다음과 같다. "객체는 주름이다. 객체는 진공포장된 이산적 원자라기 보다는 오히려 스스로 접힘으로써 더 복잡한 매듭을 형성하는 연속적인 과정이다. … 객체는 시간과 공간의 이산적이거나 정적인 블록이 아니라 오히려 운동적 과정이다."(34쪽)

4-2. 내가 이 말들을 인용한 것은, 네트워크-관계를 중요한 포인트에 두는 것 뿐만 아니라 대상(객체)을 '잠재성'으로 '진공포장'해서는 안된다는 것이다. 그런 의미에서 대상(객체)은 혼종적이고, 비결정적이고, 그리고 관계적이라는 것이다.

4-3. 그런데 우리의 최초의 질문은 철학적이라기 보다는 시적인 것에 관한 것이었다. 다시 새소리와 그 새소리를 듣는 나에게로 돌아가 보자.

5-1. 저 새소리는 시천주(侍天主)의 소리인가 천주(天主)의 소리인가? 저 새소리는 천주의 소리이지만 그 소리를 들으면서 (천주인) 나는 다시 시천주하게 되므로 그것은 시천주의 소리이기도 하다. … 나/새가 아니라 나는 나-새의 운동적 과정 속에 있으므로 시천주의 소리는 천주의 소리와 다르지 않다.

5-3. (알아들었는가?)

하이데거라는 사다리 걷어차기

1\. 시는 의지하지 않는 것인가?

시는 의지하는 것인가? 시는 의지하는 것인가, 라고 서두에서 물으면서 내가 말하고자 하는 의도는 시는 의지하는 것이 아니라는 하이데거를 끌어들여 오기 위해서다. 하이데거가 많이 기댄 니체조차도 이론적 성찰에서 의지의 우위를 최고조로 내세운 것처럼 보이지만 그것은 오해라고 아렌트는 말하면서 하이데거는 "자신의 후기 철학을 '의지하지 않을 의지하기 willing not-to-will'라는 외견상 역설적인 명제로 결론을 맺었다. 확실히 하이데거는 자신의 초기 철학에서 진보에 대한 근대의 신념을 공유하지 않았다. 후기 철학의 전환은 어느 정도 니체의 개종과 유사하다. 그것은 일종의 개종이며, 초기 그리스 사상가들로의 복귀와 동일한 결과를 담고 있다."[1]고 말한다.

지금 내가 여기에서 말하는 하이데거는 하나의 기표이고 경향성에 대한 표지다. 나는 우리 시대의 시적 무의식이 '하이데

---

1) 한나 아렌트, 『정신의 삶-사유와 의지』, 푸른숲, 2019. 355쪽

거'적인 사유를 깔고 있다는 대담한 가정을 하면서 이 글을 시작하려고 한다. 존재(근원)에 대한 비의지적 의지. 그러나 이 가정을 만족시켜줄 구체적인 작품을 가져오지는 않을 것이다. (나는 소심하다!)

2. 인간은 어떻게 시적으로 거주하는가?

시를 쓴다는 것은 거주하게 함이고 건축함이며 또한 '탁월한 가늠함'이고 '척도의 획득'이라고 하이데거는 말한다. 다시 말해 "인간은 '땅 위에서'와 '하늘 아래에서'를 철저히 가늠하면서 거주하기 때문이다. 이 '위에서'와 이 '아래에서'는 공속한다. 이것들의 내재적인 상호성은, 인간이 지상의 존재자로서 존재하는 한, 항상 통과하는 철저히 가늠된 곳이다.… 시 지음이란 이러한 척도의 획득이다. 더욱이 이것은 인간의 거주함을 위해서 척도를 획득하는 것이다."[2]

그러나 생각해보면, 우리는 지금 이것이 현실적으로 무엇을 말하는지 알 수가 없다. 시적으로 거주한다는 것은 무엇을 의미하는가? 이 말이 의미를 가지기 위해서는 '위'와 '아래'에 은폐된 '그 무엇'이 존재해야만 한다. "시인이 진정 시인이라면 하늘과 땅이 순전히 현상하는 모습을 묘사하진 않는다. 시인이 하늘의 모습들 안에서 불러내는 것은 실은 스스로를 은닉하고 있는

---

[2] 하이데거. 「… 인간은 시적으로 거주한다.…」. 『강연과 논문』. 이학사. 2008. 259쪽

그런 것이며, 그것은 스스로를 드러내는 가운데 바로 이렇게 스스로를 은닉하고 있는 것을 스스로 은닉하고 있는 것으로서 현상하게 하는 그런 것이다. 시인이란 친숙한 현상들 안에서 낯선 것을 부르는데, 여기서의 낯선 것이란 곧 그 안으로 보일 수 없는 것이 그 자신으로 존재하는 바의 그것으로 머물러 있고자 알려지지 않은 미지의 상태로 스스로를 내려오는 그런 것이다."[3]

그렇다면 "은닉"된, "시인이 하늘의 모습들 안에서 불러내는 것"은 무엇이고 어떻게 불러 내는가? 하이데거의 논증은 이러하다. 주어와 술어의 결합으로 이루어진 단순한 서술문의 구조는 실체와 속성의 통합으로 이루어진 사물의 구조를 반영하고 있지 못하다는 것. 즉 "통상적인 사물-개념은 언제나 모든 사물에 대해 적용되기는 하나, 그것은 현성하는(wesen) 사물을 파악하지 못할 뿐만 아니라, 오히려 그것〔현성하는 사물〕을 덮어버리면서 침해한다. 이러한 침해를 피해갈 수 있을까? 어떻게 피할 수 있을까? 그것은 아마도 우리가 사물에게 일종의 트인 곳(ein freies Feld, 어떤 곳의 존재가 드러나는 열린 장)을 마련해줌으로써, 사물이 자신의 사물적 성격을 직접 나타내 보이도록 함으로써 가능할 것이다."[4]

그러나 다시 우리의 의문은 그 '트인 곳'을 어떻게 찾아가는가 하는 것이다. 그리고 왜 찾아야 하는가 하는 것이다.

---

3) 앞의 글. 262쪽
4) 하이데거. 「예술작품의 근원」. 『숲길』. 나남. 2020. 23쪽

3. 무엇을 위한 시인인가?

주지하듯이 하이데거는 우리의 시대를 '존재 망각'의 시대라고 규정했다. "신의 결여에서는 한층 더 불쾌한 일들이 나타나고 있다. 신들과 신이 멀리 물러나게 될 뿐만 아니라, 신성의 빛이 세계사에서 사라지고 있는 것이다. 세계의 밤의 시대는 궁핍한 시대이다. … 신은 먼저 인간에 의해 자신이 체류할 곳이 마련되어 있지 않다면, 그가 되돌아올 때 어디를 향해 와야 하는가?"[5]

이제 이 '궁핍한 시대'에서 시인들이 해야 할 사명이 드러난다. "시인들이란 진심으로 주신을 노래하며, 사라져버린 신들의 흔적을 밟아 나가고, 그 흔적 위에 머무르면서, 이렇게 하여 자신과 동류인 죽은 자들에게 전향할 길을 처음으로 찾아내 주는 죽을 자들이다. … 궁핍한 시대에 시인으로 존재한다는 것은 사라져버린 신들의 흔적을 노래하면서 주목한다는 것을 뜻한다. 그래서 시인은 세계의 밤의 시대에 성스러움을 노래한다."[6]

이러한 하이데거적 사유가 우리 시대의 시적 무의식을 이룬다는 나의 가정은 정당한가? 그리고 이 질문은 어떤 효과를 기대하고 있는 것일까?

---

[5] 하이데거, 「무엇을 위한 시인인가」, 『숲길』, 나남, 2020. 364쪽
[6] 앞의 글. 367쪽

4. 시/사유가 존재하지 않을 때 존재할 수 있는 것을 사고할 수 있는 사유

퀑탱 메이야수(1967-)의 상관주의 비판을 보자. 상관주의(correlationism)란 우리에게 선행하여 실재하는 세계를 인정하지만 세계는 오직 생각하는 존재에 주어진 것으로만 의미가 있다고 생각한다. 상관주의는 의식과 세계 자체에 대해 각각으로 진술하는 것은 불가능하며 우리는 오직 의식과 세계의 상관관계를 통해서만 접근할 수 있다고 주장하는 것이다. 메이야수는 그러한 생각을 비판하면서 상관주의 철학의 대표주자로 비트겐슈타인과 하이데거를 꼽는다. "이 두 철학자(비트겐슈타인과 하이데거)들의 사유 내용은 과거와의 근본적 단절을 구성하기는커녕 사실인즉 확증된 과거의 신앙절대론적 전통의 직접적 유산 아래 있"다는 것이다.[7] 메이야수에게 세계는 이유 없이 우연적으로 존재하는 것이며 언제든 이유 없이 변화하거나 사라져 버릴 수 있는 것이다. 존재에 대해 유일한 필연적인 진술은 존재가 우연적이라는 것뿐.

메이야수는 존재의 절대적 우연성은 오직 수학을 통해서만 사유할 수 있다고 주장한다. "(중심 물음은 다음과 같습니다.) 사유되는 것이 아무 것도 없을 때 거기 무엇이 있는가라는 질문(사유가 존재하지 않을 때 존재할 수 있는 것을 사고할 수 있는 사

---

7) 퀑탱 메이야수(1967-). 『유한성 이후-우연성의 필연성에 관한 시론』. 도서출판b. 2010. 78쪽

유)이 많은 사람들에 의해 의미나 흥미가 없는 것으로 취급된다는 것은 정말 있을 법한 일입니다. … 나는 우리와는 독립적인 우발적인 존재가 있다는 것, 더 나아가 이러한 우발적 존재라는 것이 주체적인 본성을 가질 이유가 없다는 것을 논하고 증명하기 때문이지요. 나는 또한 비인간과 비유기적 실재성을 기술하기 위해 수학의 사용 위에 과학적 합리주의를 세우려고 합니다."[8]

이 입장 위에서 시는 더 이상 하이데거의 손을 잡고 갈 수가 없다는 것을 나는 느낀다 . 저 위나 저 아래에 뭔가가 혹은 보물이 은폐되어 있다고 주장하는 것은 눈 먼 경향이거나 이데올로기일 것이기 때문이다.

5. 하이데거라는 사다리 걷어차기

핵심은 인간으로서의 내 사유가 상관(관계)하지 않는 사물(대상)이 존재한다는 것을 받아들일 때 하이데거의 제단(祭壇)은 폐허가 되어야 한다는 것이다. 고향이나 '저 먼 곳'과 '저 깊이 숨겨진 곳'을 바라보는 시는 이제 지양되어야 하지 않겠는가 하는 것이다.

객체-지향 존재론(Object-Oriented Ontology. 줄여서 OOO)을 주장하는 하먼은 이런 비유를 든다. 존재와 존재자 사이 이분법을 적용하는 하이데거의 생각과 달리 "돌 하나가 어떤 호수의

---

[8] 릭 돌피언 등.「퀑탱 메이야수와의 인터뷰」.『신유물론-인터뷰와 지도제작』.교유서가. 2021. 113, 116쪽

표면에 부딪힐 때 그 돌은 실재적이고 그 호수 역시 실재적이다. 그것들은 자신들의 상호작용을 통해서 일방적으로 혹은 쌍방적으로 영향을 미친다. 하지만 그 돌이 그 호수의 실재를 망라하지 않음은 분명하고, 게다가 그 호수 역시 그 돌의 완전한 실재와 마주치지 않는다."[9]

하이데거의 사유를 통해서는 기술과 근대 과학은 사유될 수 없는 것이다. "신들은 기술에도 존재하지 않는다. 왜냐하면 기술은 존재에 대한 순수한 닦달이기 때문이며 피할 수 없는 운명이고 궁극의 위험이기 때문이다. … 하이데거는 … 경멸감을 갖고 근대 세계를 대한다."[10] 하먼은 하이데거에게 전 지구적 기술의 확산보다 더 우려스러운 것이 전혀 없었다고 하면서 하이데거와 기술, 나찌즘과의 연관을 이야기한다.[11]

---

[9] 그레이엄 하먼(1968-).『예술과 객체』. 갈무리. 2022. 67쪽
[10] 브뤼노 라투르(1947-2022).『우리는 결코 근대인이었던 적이 없다』. 갈무리. 2009. 172쪽
[11] "기술은 순수한 현전의 통치로, 요컨대 세계의 만물에서 그 은닉과 그 신비를 제거함으로써 만물을 조작 가능한 재료 더미로 환원한다. 하이데거가 장기간 나치에 충성한 사실에 대한 한 가지 설명은 아돌프 히틀러가 전 지구적 기술의 황무지가 확대되는 상황에 대항할 인물이라고 하이데거가 느꼈다는 것이다. 그렇다면 기술에 대한 하이데거의 대안은 무엇이었는가? 이 대안은 언제나 야간 모호한 상태로 있지만 아무튼 그것은 농민과 관련된 키치 낭만주의와 밀접한 관계가 있는 것처럼 보이며 근대 독일인과 고대 그리스인 사이의 이른바 유사성에 호소한다."(하먼 앞의 책. 236쪽)

'증상적 독서'로 오늘의 시 읽기

1. 시간이 이음매에서 어긋나 있다.(The time is out of joint.)

이 이야기부터 해야겠다.

자크 데리다는 『마르크스의 유령들』이라는 책 맨 처음을 셰익스피어의 『햄릿』 1막 5장에 나오는 대사를 인용하면서 시작한다. "The time is out of joint. (시간이 이음매에서 어긋나 있다.[1])" 이 데리다를 인용하자면, 우리의 '지금'을 이렇게 규정해 볼 수 있지 않을까? "'이음매가 어긋난(out of joint)' 지금. 확실하게 연결된 어떤 맥락, 여전히 규정 가능한 경계들을 지닌 어떤 맥락 속에서 더 이상 함께 유지될 수 없을지도 모르는 이음매가 떨어져 나간 지금."[2]

우울한 시간들이다. 민주주의, 공화주의, 자유, 정의, 법, 평등

---
1) 셰익스피어, 『햄릿』, 최종철 역, 민음사, 2006, 52쪽은 "뒤틀린 세월"로 번역되어 있다.
2) 자크 데리다, 『마르크스의 유령들』, 이제이북스, 2007, 19쪽

등 이 모든 것들의 '이음매가 어긋난(out of joint)' 지금. 분노가 아니라 공포가 나를 지배하고 있다고 고백해야겠다. 지금껏 공부하고 알아 온 대부분의 것들의 의미가 덜렁거리며 떨어져 나가거나 아무런 맥락도 없이 연결되어 내가 상상조차 하지 못한 모습으로 나타나고 있다.

하긴 좀 더 냉정하게, 좀 더 '우울(melancholy)'하게 생각해보면 우리의 지금은 늘 '어긋나' 있었다. 공포였던 "이 시간은 끝났지만 아직 어떤 새로운 유토피아도 등장하지 않았다. 그리하여 '오직 현재뿐'은 정복 불가능한 과거와 부정된 미래 간의, '떠나려고 하지 않는' 과거와 (파국이라는 측면에서 말고는) 발명되거나 예견될 수 없는 미래 간의 중단된 시간이 되고 있다."[3] 오늘을 이루었던 과거의 위대했던 기억들은 기껏 "'기억할 의무'라는 공식적 수사 아래 매장"[4] 되어 있을 뿐이다.

그러나/그래서 데리다는 이음매에서 벗어난 이 현실을 부정하지만은 않는다. 데리다의 '이음매가 어긋난(out of joint)' 지금은 "어떤 불순한 시대 상황을 의미하거나 시간의 질서의 일시적인 왜곡이나 일탈을 가리키는 것이 아니라, 시간의 질서 안에, 따라서 현존으로서 존재의 질서 안에 근원적인 탈구와 이접, 간극이 존재함을 뜻한다. 더 나아가 이러한 탈구와 이접, 간극은 존재자들 및 인간들이 어쩔 수 없이 감당해야 하는 불행한 숙명, 악을

---

3) 렌조 트라베르소. 『'좌파'의 '우울'』. 새물결. 2024. 55쪽
4) 온갖 기념식을 생각해 보라. 트라베르소. 앞의 책. 73쪽

가리키는 것이 아니라, 메시아적인 장래가 도래하기 위한 조건이자 정의가 실행되기 위한 기회를 나타낸다."5)

그렇게 믿어야 한다. 이 우울한 시대를 지나면서 나는 스피노자에게서 위로를 얻는다. 우리처럼 스피노자도 알았다. "우리는 물론 이성이 정서를 상당히 억제하고 조절할 수 있다는 것을 밝혔지만, 동시에 이성 자체가 가르치는 길이 매우 험난하다는 것을 알았다. 대중(multitude)이나 공적 업무에 전념하는 대중 스스로에게 오직 이성의 규정에 따라서만 살아가도록 이끌려고 설득하는 것은 시인들이 꾸며 낸 황금시대나 우화를 꿈꾸는 것이다."6) (어쩌나! '시인들이 꾸며 낸 황금시대나 우화'라니!) 그러나 이 어려움에도 불구하고 스피노자는 항상 사유하고 반성하며 살아야 함을 강조한다. "나는 인간의 활동을 비웃거나 한탄하거나 혐오하지도 않고 오히려 이해하려고(sed intelligere) 진지하게 애썼다."7)

시를 쓴다는 것이 금광을 찾는 것도 아니고, 천국의 열쇠를 찾는 것도 아니고, 사물의 비밀 금고를 찾는 것도 아니고, 존재를 드러내는 것만도 아니라면, 우리는 지금 무엇을 해야 하는가? - 오히려 사유(이해)하라!(sed intelligere!) 그것이 우리의, 시인의 책무가 아니겠는가?

---

5) 데리다. 앞의 책. 370쪽 역자 진태원의 해설.
6) 스피노자. 『정치학 논고』(강영계 역). 서광사. 2017. 25쪽
7) 스피노자. 앞의 책. 24쪽

2. "증상적" 시 읽기(독서)

시 읽기 혹은 이해의 어려움을 먼저 고백하면서 이야기를 이어가 보자. 짧게 인용하는 이 (무작위로 내 손에 들어온) 시들이 나쁘다고 말하는 것이 아니라 나의 질문은, 이 시들이 왜 나의 이해를 가로막고 있느냐 하는 것 혹은 나의 이해가 왜 이 시들을 통과하지 못하느냐 하는 것이다. 짧게 인용해 보자.

서로의 태몽을 거두어들인 밤 달이 네모지다

가지지 못해 내 것이 된 것들
나를 보고
마음이 마음을 잃어버렸다

주름의 속성에서 멀리 벗어나지 못하는 파도
내 비밀이 있다면 영영 굳지 않는다는 것

있다면 그곳은 만지기 위한 곳
봉합이 실패하여 너덜너덜 부는 바람도
낡아 부스럼 많은 새벽도 스치는지 모르게
재회가 있다면

네모난 달맞이를 끝내며
각지지 않은 것을 숭배하던 부족은

> 환호를 지르며 아무것도 하지 못했을까
> 신음으로 밤을 낭비하던 입술은 모서리를 닮아가고
> 다섯 번째 발가락에서
> 부끄럽게 피고 지는 물집이 자랐다
> 만지면 만질수록 딱딱하게
>
> 지독한 농담처럼
> 나를 불러줘 빠르게 읽어줘 (중략) [8]
>
> —배진우,「모서리」부분

 이 난감함을 어떻게 내 스스로에게 설명할까 생각해 보았다. 우선 눈에 띄는 것은 주체의 '뭉그러짐'이다. '모서리'처럼 각진 주체는 사라지고, 일그러지고 손상된 주체들이 '호명'되지 않은 채 분산되어 있다. '서로'의 태몽이 드러내는 관계성은 '거두어들이는' 네모진 달의 능동성과 어떻게 연결되는지 알 수가 없다. 파도, 바람, 새벽, 입술, 물집 등등의 이미지는 주체가 붙들지 않기에 '모서리'처럼 규정되지 않고 떠돌아다닌다. (나는 이것을 '어지럼증'이라는 증상으로 표현하고 싶다.)

 나는 지금 이 시를 혹은 난해한 다른 시인들의 시를 평가하려는 것이 아니다. 읽기에 난감한 그 시들을 '미래파'라는 이름으로 던져 놓으려는 것도 아니다. 나는 이 시들을 하나의 '증상

---

[8] 배진우,『얼룩말 상자』, 민음사, 2023

(symptom)'으로 읽어야 하는 것이 아닌가 생각해 본다.9)

'증상적 독서'라는 개념은 (프로이트와 라캉을 거쳐온) 알튀세르의 논의에 등장한다. 알튀세르는 진리라는 것이 어딘가에 감춰져 있는 것이 아니라, 바로 그 공간에 놓여 있지만 구조의 효과로 인해 우리가 단지 보지 못하고 있을 뿐이라고 주장한다. 다시 말해 진리라는 것은 우리에게 주어진 그 공간에 존재하기는 하지만, 다만 그 공간의 틈 혹은 상처난 증상을 통해서만 볼 수 있다는 것이다.

"비가시적인 것은, 공간적 은유를 사용하자면, 단순히 가시적인 것의 바깥, 배제의 어두운 바깥이 아니라, 가시적인 것 자체에 내재적인 배제의 내적 어둠인데, 왜냐하면 그것은 가시적인 것의 구조에 의해 정의된 것이기 때문이다.… 우리는 이를 '증상적' 독서라고 부르고자 하는데, 이는 그것이 동일한 운동 속에서, 자신이 읽는 텍스트 자체 속의 드러나지 않는 것을 드러내며, 이것을 이 텍스트에서 필연적 부재의 형태로 현존하는 또 다른 텍스트와 관련시키는 한에서 그렇다."10)

그렇다면 우리는 이러한 내적 어둠들을 어떻게 지각 가능하게 만들 수 있는가? 우리는 언표된 단어들 아래의 침묵의 담론

---

9) 어떤 원인에 의해 어떤 결과가 나타날 때, 가령 간이 나쁠 때 얼굴이 노랗게 변하는 것은 징후(sign)라고 표현한다. 이와는 달리 팔이 저리고 아플 때 이것의 원인이 팔이 아니고 목 척추 신경의 눌림에 의한 것일 때, 즉 원인과 결과가 불일치하지만 현상적으로 나타나는 양상을 우리는 증상(symptom)이라고 표현한다.
10) 알튀세르. 「『자본』에서 마르크스의 철학으로」. 『『자본』을 읽자』. 그린비. 2025. 90쪽. 93쪽

과 마주치면서 부재 자신이 열어젖히는 비 가시적 공간에 어떻게 도달해야 하는가? 결론적으로 증상적 독서(독해)가 가능하기 위해서는 인식 주체의 경험적 인지 능력을 통해서가 아니라 삶을 바라보는 이론적 문제설정 자체가 변화해야 한다. 우리는 이를 현행적으로, 오늘을 매개로 한 사건적 관계 속에서 수행한다.

3. 현행성(actuality) 혹은 움직이는 '오늘'로 시 읽기

증상적 독서는 움직이는 오늘로 오늘을 읽는 작업이다. 오늘을 읽는다는 것은 최근의 일이다. 선험적 관념론자로 알려진 칸트에 대해 푸코는 이렇게 말한 적이 있다. "칸트가 1784년에 쓴 「계몽이란 무엇인가?」라는 제목의 흥미로운 텍스트(는)…서구 사상사에서 철학이 '오늘날 무슨 일이 일어나고 있는가?'라는 질문을 던진 것은 제 생각에 이것이 처음이었습니다."[11]

시는 오늘을 살아가는 우리가, 오늘 어떤 일이 벌어지고, 오늘 어떤 사건과 우발적으로 마주치고, 오늘 어떤 행동과 감정을 타인과 공유했는지를 주-객관적으로 기술하는 일이다. 발리바르는 이것을 다음과 같이 '현행성(actuality)'으로 표현한다. "현행성이라는 통념은. … 사건의 또 다른 이름으로서가 아니라, 그에

---

[11] 푸코, 『비판이란 무엇인가』(1978년 5월 27일 강연). 동녘. 2016. 124쪽 주석. 이어서 읽어보면 "요컨대 철학의 범주로 '오늘'이라는 문제를 도입한 것은 … 대단히 결정적인 어떤 것입니다. (데카르트, 스피노자, 라이프니쯔, 홉스, 흄도) 오늘 무슨 일이 일어나고 있는가, '오늘'이란 무엇인가, 우리의 현실태는 무엇인가, 우리는 무엇인가, 어떻게 해서 우리는 우리의 동시대인이 될 수 있는가라는 문제를 도입하여 정식화하지 않았습니다."

따라 철학이 '사건'을 사건 그 자체로 '사고'하기를 시도하기 보다는 그 자체로 사건적인 비스듬한 양태(주체와 대상 사이의 미분소를, 혹은 다음과 같이 말하기를 원한다면 수동성과 능동성 사이의 미분소를 활용하는 그러한 양태)내에서 '사건과의 관계 아래에서의' 글쓰기를 시도할 수 있는 그러한 양태의 담론적 지표로 나타나게 된다."[12]

시 쓰기-읽기는 '오늘'을 살아가는 일이다. 오늘은 시간의 문제만이 아니라 사물과 사건의 오늘이기도 하다. 시인은 그 오늘의 '증상'을 읽어내고 현행적으로 파악하는 자다. 이해는 이해 이전에 있거나 그 이후에 있다. 그리고/그러나 시 쓰기-읽기는 이해하는 일이 결코 아닌 것이다.

---

12) 발리바르.「철학과 현행성」.『개념의 정념들』. 후마니타스. 2025. 268쪽
발리바르는 현행성을 다음과 같이 설명하기도 한다 "어떠한 상황의 무매개성, 어떤 조건들 혹은 정황들의 현사실성, 그리고 다른 한편으로는 실천의 현행태로의 이행, 실현으로의 이행, 결국 유효성 혹은 효과성으로의 이행"(같은 책 265쪽)

잠정적 정리: 푼크툼(punctum)의 시학(詩學)을 위하여

"문학과 사회학은 '이차적 해석'의 활동입니다. 즉 이미 해석된 것의 재해석입니다. 따라서 문학과 사회학은 해석의 커튼을 찢을 수 있는 숨은 봉합선을 찾아내는 일을 해야만 하고, 그 과정에서 바로 앞에 있는 커튼을 찢어 냄으로써 그 뒤에 숨은 더 많은 커튼을 드러내게 됩니다."[1] 푼크툼은 바우만의 이 '봉합선'과 같다. 다만 내 생각에 문학은 그것을 '찾아내는 일'이기도 하지만 우발적으로 마주치는 것이기도 하다. 물론 그 둘은 동일한 사태의 두 측면이다. 찾아내겠다는 노력만으로 그것과 마주치지는 않을 것이고, 찾아내겠다는 집중없이 마주치기를 기다린다는 것은 헛되기 때문이다.

나는 '푼크툼'이라는 주제를 확장하고 변주하면서 시에 대한 생각을 가다듬어 보았다. 많은 사람들이 내가 지금 무슨 이야기를 하려고 하는지 궁금해할 것이라 나는 생각한다. 그러나 내가 지금 무슨 이야기를 하는지에 대해 제일 궁금한 사람은 바로 나

---

[1] 지그문트 바우만. 『문학예찬』. 21세기문화원. 2024. 33쪽

자신이다. 나 자신의 글을 이해할 수는 있지만, 이론가가 아닌 직접 시를 만드는 사람으로서, 나는 나의 이 논의들을 나의 시들과 과연 관계시킬수 있었는지, 관계시킬수 있을지 자신할 수 없기 때문이다. 그래서 지금까지의 나의 글들을 정리해 본다. 나는 무엇을 지향하고 있는 것인가? 나는 무엇을 비판하고자 하는 것인가? 나는 왜 이러한 비판이 의미있다고 생각하는 것일까? 그리고 도대체 시란, 시를 쓴다는 것은 무엇을 의미하는 것일까?

1. 시(詩)는 푼크툼(punctum) 혹은 움푹 파인 곳이다.

푼크툼은 무언가에 집중하고 전념하는 그리하여 무엇인가를 의미하려는 스투디움(studium)을 깨트리는 작은 구멍 혹은 움푹 파인 곳이다. 그러나 움푹 파인 그곳은 사물과 이미지들을 포획하는 덫이라기보다는 내 스스로가 포획되는 덫이다. 그러나 많은 시들은 관념적 주체 혹은 주관적 감상을 중심으로 시를 생산하였고, 그에 따라서 자연은 인간화된 자연에 불과했다.

시에 관한 나의 관심은 '물질과 기억'이다. 여기서의 물질은 '사유가 존재하지 않을 때에도 존재'하는 사물이고, 충족이유율 없이 우발적으로 존재하는 사물들이다. 푼크툼은 이 우발적 물질들 사이에서 불꽃처럼 발생한다. 푼크툼으로서의 시는 주름 잡혀진 시간들이 순간적으로, 그러나 우발적으로 펼쳐지는 순간들이다.

사유가 바로 시로 현현하지는 않는다. 아름다운 마음, 맑은 눈, 정의로운 사유, 따뜻한 형제애, 날카로운 비판 등등은 주체의 덕목이지 시의 덕목이 아니다. 아포리즘(aphorism)은 시가 아니다.

2. 사물은 시의 입이다.

사물은 시의 입이다. 그러나 사물은 말할 수 없으므로 시인은 그 입의 배경이 되어서 그 입을 부정적인 방식으로 드러낸다. 그러나 지금의 우리의 시에서 사물(대상)은 사물의 성격을 잃어버린 장식적 대상일 뿐이다. 각각의 사물들은 호명만 될 뿐 자신의 사물적 성격을 가지고 있지도 않고 드러내 보이지도 않는다. 그것들은 부재 속에서 존재하는 존재하지 않음이다.(이게 도대체 말이 되는가?)

가령 오규원의 시에 등장하는 사물들은 장식적인 것처럼 혹은 만화처럼 다가온다. 그러나 다시 생각해 보면, 우리가 사물을 받아들이는 것은 그것들을 각각의 것으로 인지함으로써가 아니다. 오규원의 '나무, 그림자, 곤줄박이, 뜰, 돌, 햇볕'은 각각의 것으로 우리에게 다가오지 않는다. 그것은 한꺼번에 혹은 다른 무언가와 함께 인지된다. 내가 이팝나무의 꽃을 볼 때 나는 이팝나무 꽃만 보는 것이 아니라 가지와 하늘과 구름과 새소리와 햇볕까지 한꺼번에 본다. 이것은 사물들이라기 보다는 이미지-사물이라는 말에 더 잘 어울린다. 이를테면 나무-그림자-곤줄박이-뜰-돌-햇볕은 이미지로서 한 덩어리로 다가온 사물인 것이다. 사물은 시의 입이지만 그 소리는 하모니로서 존재한다.

3. 시(詩)는 차이의 드러냄, 위반과 죽음의 실행이다.

반복되는 질문-시를 쓴다는 것은 미래에 대한 의지인가? 현재에 대한 자유인가? 아니면 과거에 대한 향유인가? 도대체 우리는 왜 시를 쓰고, 읽는가?

시는 의지 능력이 아니다. 그렇지도 않고 그리할 수도 없다. 그러나 그럼에도 삶은 의지해야하는 것이기도 하다. 그래서 나에게 김남주의 시는 아포리아(aphoria)라고 했다.

"오늘날 우리가 김남주 이후를 말할 수 있다면, 그 이유는 민중의 고통에 대한 시인의 깊은 분노와 일체감, 그리고 착취와 억압, 차별과 배제에 맞선 민중들의 기나긴 투쟁, 패배와 죽음을 감수하지 않으면 안 되는 그 투쟁에 기꺼이 동참하려는, 자신의 시를 그 투쟁의 무기로 삼으려는 시인의 태도에 있다."[2]

그러나 나는 시를 그때도, 지금도 의지하지 않는다. 그리하여 시에 관한한 김남주의 시는 '시'가 아니었다. '시인의 태도'와 의지가 시와 무슨 인과적 연관이 있다는 말인가? 그러나 지금 '시'가 아니라고 생각했던 그의 시가 가끔씩 나에게 시로, 감동으로 다가온다. 그 동안, 나에게/우리에게 무슨 일이 있었던 것일까?

이렇게 정의내릴 수 있을 것이다; 시란, 예술이란 지금시간(Jetztzeit)의 고통을 이미지로 응축시키면서, 그 고통이 이미지를 통해 스스로 해방의 문을 열도록 하는 것이다. 메시아적 시간의 도래.

---

[2] 진태원. 「김남주 이후」. 『을의 민주주의』. 그린비. 2017. 50쪽

그러나 의지가, 그 이념이 작품의 질을 직접적으로 담보하는 것은 아니다. 우리가 김남주라는 시인의 개인사를 괄호치고 그의 시를 읽었을 때도 과연 그의 시들이 감동적일이었을까? 그의 시들은 작품으로서가 아니라 인간 '김남주 효과'로서만 존재하는 것은 아니었을까?

그러나 이제 그 효과는 역전되었다. 시인들은 그 역사의 효과를 소비하고 있는 것이 아닐까? "내가 그들에 대해 말한다면 그들은 다른 사람들이 이미 만들어 놓은 대로 역사를 사용하는 '역사의 소비자'라고 할 수 있을 것입니다."[3]

마찬가지 질문을 우리 스스로에게 던져본다. 우리는 지금 역사를 소비하고, 자본주의를 소비하고, 정치를 소비하고, 감동을 소비하고, 문화를 소비하고, 이제 아무도 계급을 이야기하지 않고, 그리하여 시를 소비하고 있는 것은 아닐까? '아포리아'는 나의 이 혼돈의 다른 표현이다.

그럼에도 나는 아포리아 자체에 주목한다. 혁명(혹은 혁명의 시)이 무한으로 혁명(차이의 드러냄과 위반과 죽음의 실행)되지 않는다면 그 혁명은 동일성으로 회귀하는 이론의 영역이 된다. 동시에 혁명(차이의 드러냄과 위반과 죽음의 실행)이 무한 반복하면서 현실 속에 정착하지 않는다면 그것은 아나키즘적인 낭만에 다름 아니게 된다. 이 아포리아를 뛰어넘는 방법은 이 둘을 동시에 사고하는 것일 것이다.

---

3) 미셸 푸코, 『푸코의 맑스』, 갈무리, 2004, 121쪽

4. 그러므로 시는 바깥과 안을 동시에 사유하는 눈이다.

'바깥'으로 우리를 내밀도록 강제하는 것은 주지하듯이 근대 이후의 우리의 죽음, 세계의 부재, 나 자신과의 관계의 결렬 등 때문이다. 나는 많은 시들이 '바깥'이라는 원심력으로 튕겨져 나가는 것을 본다. 바깥의 경험을 내부와의 관계와 거의 절연한 채 '바깥의 사유' 혹은 '바깥의 시'로 만들어버리는 것이다. 그럴 때 우리는 그 경험을, 그 시를 이해할 수 없게 된다.

발리바르는 "내부성에 대립하는 그러한 '바깥'이 아니라, 내재적인, 혹은 단지 자기 자신에만 관련된, 심지어 자기 자신에만 대립되는 그러한 '바깥'을 사유할 수 있는 가능성"으로서만 '바깥의 사유'를 승인한다.[4] 그 말에 나는 전적으로 동의한다.

바깥은 나 개인에 대한 가능성의 영역일 수는 있다. 그러나 타자들의 바깥은 순수한 바깥이 될 수 없는, 역사 내부의 등가물이다.

5. 그렇다면 경물(敬物)의 시학은 어떻게 가능할 것인가?

"감정, 욕망 그리고 경험은 인간의식의 유일한 특성 또는 능력이 아닙니다. 물질도 느끼고, 대화를 나누며, 겪고, 욕망하고, 갈망하며 기억합니다."[5] 기후 위기 시대에 우리의 반성은 포스

---

[4] 에티엔 발리바르, 「바깥의 사유? 블랑쇼와 함께 푸코를」(배세진 역), 웹진 인무브. (https://en-movement.net/245)
[5] 카렌 바라드, 「카렌 바라드와의 인터뷰」, 『신유물론-인터뷰와 지도제작』(릭 돌피언 등), 교유서가, 2021, 82쪽

트 휴머니즘을 가르키고 있다. 동학의 경물(敬物)은 이 포스트 시대의 시학(詩學)에 좋은 화두를 던져주는 것 같다고 나는 썼다. 그리고 나는 그러한 시도가 포스트 휴머니즘을 넘어서는 새로운 휴머니즘 (칸트를 빌리자면, '내가 인간인 한에서')이 되기를 원한다.

그러한 지평의 시적 시도로 나는 육화(incarnatio)를 이야기했다. 육화는 형태를 가지는 것이 아니라 '살'이 되는 것이다. 미셸 앙리는 성서의 요한 복음서의 요한의 말을 해석하면서 "요한은 말씀이 신체를 취했다고, 말씀이 인간의 모습을 입었다고 말하지 않고, 그는 말씀이 '살이 되었다'라고 말"했다고 지적한다.[6] 우리는 사물들로, 사물들은 우리로 육화되어야 하고 그것을 시는 살-언어로 포착해 내어야 한다.

나/새가 아니라 나는 나-새의 운동적 과정 속에 있으므로, 시 천주의 소리는 천주의 소리와 다르지 않아 나는 새의 살이면서 천주의 살인 것이다. 시는 그 살 속으로 파묻혀야만 한다.

---

6) 미셸 앙리, 『육화, 살의 철학』, 자음과 모음, 2012. 38.39쪽

2부

시의 존재양식
―김동원 시인의 시론에 대한 생각[1]

1.낭만주의의 종말

1-1. 푸코의 주장에 따르자면, '문학이란 무엇인가'라는 질문은 대략, 그 질문이 형성될 수 있었고 이후 우리에게까지 이어져 온, 말라르메(1842-1898)의 작품이라는 사건 이래로 생겨난 것이라고 말한다.(107) 그 이전의 "17세기 '문학'은 단순히 그것을 통해 어떤 누군가가 사용, 용법, 언어 작품과 맺을 수 있었던 어조(語調)를 지칭하는" 것이었고(109), 18세기 말경 수사학이 사라지면서 문학은 더 이상 무엇인가를 이야기하고, 거기에 문학이라는 기호를 덧붙이는 일이 아니게 되었다(123). 18세기 말 이후 "언어작용이 빚어낸 모든 작품은 작품이 복원해야만 하는 어떤 말 없는 원초적 언어작용과 관련하여 존재했다. … 이 말없는 언어작용, 언어작용들에 앞서는 이 언어작용은 당시 '신'의 말

---

[1] 이 글은 계간지 『상징시학』 2024년 여름호에 기획으로 쓰게 된 글이다.

씀, 전범(典範)이었으며 성서, '고대인'이었다. 당시에는, 말하자면 모든 것의 이전에 존재하는, 진리이자, 자연이자, '신'의 말씀이면서, 자신 안에 모든 진리를 숨기는 동시에 진리를 말하는, 한 권의 책이었다(134)."[2]

1-1-2. 푸코의 말처럼 문학은 혹은 문학의 하위 범주로서의 시는 최근의 발명품이다. 과거의 시들이 낯설고 평면적인 이유는 그것들이 상이한 에피스테메에 서 있기 때문일 것이다.

1-2. 18세기 말 이후의 그 시대를 우리는 낭만주의의 시대라고 부를 수 있을 것이다. 그 때의 시인들은 위대했다. "헤겔 직후에 열린 시대, 철학이 과학적 조건 또는 정치적 조건에 빈번히 봉합되었던 시대에는, 시가 철학이 해야 할 몇몇 기능을 떠맡았다…철학을 이어받은 철학자가 존재하지 않은 시대에, 사실상 시인들의 시대가 있었다는 것이다. 그 시대는 바로 횔덜린과 첼란 사이의 시대였다.(103)" 그러한 "시인들의 시대에 시인들이 시도한 것은 대상이라는 현시적 범주에 의해 존재가 지탱될 수 없는 바로 그곳에서 존재에 이르는 길을 여는 것이었다. … 시가 시도하는 존재에의 접근은 앎의 질서에 속하지 않는다. 그 길은 그러므로 주체/대상이라는 대립쌍에 대각선을 긋는다. 말라르

---

[2] 이상 미셸 푸코. 「문학과 언어작용」, 『거대한 낯섦-문학에 대하여』. 그린비. 2023 (1964년 12월 벨기에 브뤼셀 생루이스대학 강의) 인용. (괄호 안은 이 책이 쪽수)

메가 시란 주체로서의 작가가 부재할 때만 일어난다고 밝힐 때, 그들은 시가 진술하는 것이 대상성에도 속하지 않고, 주체성에도 속하지 않는 한에서 시의 진리가 도래한다고 이해하는 것이다.(106)"[3]

1-3. 그 낭만주의의 중심에 하이데거가 있다. "하이데거의 해석학이 낭만주의에 머물러 있다는 점은 내 생각에는 명백하다. … 낭만적 도식을 특징짓는 것과 순환하는 것은 같은 진리라는 점이다. 존재의 물러남은 시와 그 해석의 하나 됨 속에서 사유에 다다른다. … 사상가와 시인은 서로에게 기대어 닫혀버린 말을 다시 열어젖힘을 말 속에서 구현한다. 그로 인해 시는, 문자 그대로 비할 데 없는 것으로 남아 있게 된다."[4]

1-3-2. "시는 듣는 것이 아니라 들리는 것이다. 보는 것이 아니라 보이는 것이다. 오는 것이 아니라 이미 와 있는 것이다.(김동원, 「시와 시인」 『빠스각 빠스스각』)" 낭만주의의 요체는 주체의 바깥에 무언가를 가상하고 그것이 현현하기를 기다리는 것이다. "대상을 버리고, 실재를 버리고, 그 소멸마저 버린, 시허(詩虛)가 미완성이다. 언어는 언어 이전의 '숨'을 몰아 쉴 때 극에 달한다. 하늘이 내린 것을 찰나에 받지 못하면, 시는 영원한 미궁에

---

3) 이상 알랭 바디우, 『철학을 위한 선언』, 길, 2010. (괄호 안은 이 책의 쪽수)
4) 알랭 바디우, 『비미학』, 이학사, 2010. 19쪽

빠진다."(김동원.「시귀詩鬼, 혹은 미완未完에 이르는 길」) 김동원 시인의 시학이, 앞서 하이데거의 경우처럼 "낭만주의에 머물러 있다는 점은 내 생각에는 명백하다."

1-3-3. "하이데거에 대한 근본적인 비판은 다음과 같은 것만이 가능하다. 시인들의 시대는 완결되었다. 철학 역시 시적 조건으로부터 탈봉합 시켜야 한다. 그것이 의미하는 것은 다음과 같다. 탈대상화, 탈정향은 오늘날 더 이상 시적 은유 안에서 진술되어야만 하는 것이 아니다. 탈정향은 개념화될 수 있다."[5] '시인의 시대'는 완결되었다! 누가, 이렇게, 애타게 시를 부르고 있는가?

1-3-3-2. 같이 시를 쓰는 입장에서, 나는 시인의 이 '절절함'이 부럽다기 보다는 오래 전에 잊어버린 그 낯익음으로 하여 오히려 낯설다. 어쩌면 시인은 시를 이야기하는 것이 아니라 시를 '방편(方便)'으로 다른 이야기를 하고 있는 것은 아닐까?

1-4. 이렇게 정리해 보자. "금세기에는 예술과 철학을 관계 지으려는 이론적 입장들이 포화 상태에 이르게 되었다. 지도주의는 역사적, 국가적으로 예술을 인민에 봉사하도록 함으로써 포화 상태에 이르렀다. 낭만주의는 하이데거의 이론적 장치 속에서 언제나 신들의 귀환이라는 가정과 연결되어 있는, 순전한 약

---
[5] 알랭 바디우.『철학을 위한 선언』. 109쪽

속에 불과한 어떤 것으로 인해 포화 상태에 이르렀다. 그리고 고전주의는 어떤 욕망 이론을 완전히 전개할 때 주어지는 자기의식에 의해 포화 상태에 이르렀다."[6]

1-4-2. 미래시는? "이상의 시가 개인적 자폐와 근대적 폐쇄성에 머물렀다면, 미래시는 개체의 자의식이 파편에 숨어든 가면에 비유된다. 언제나 시대가 언어를 규정한다. 미래시파는 초현실주의에 뿌리를 박고 기존 서정시를 박차고 전혀 다른 차원의 예술적 시법을 건설했다."(김동원.「월검(月劍)」) 그러나 이러한 경향성은 언어에 대한 오해로 인하여, 포화 상태에 이르기도 전에 과거로 돌아갈 것이다. 나는 이를 모순적인 용어인, 현학적 낭만주의라고 부를 것이다.

1-4-3. 재현의 리얼리즘도, 낭만주의도 포화상태에 이르렀다. 그렇다면 우리에게 문학이란, 시란 무엇인가?

2. 시의 존재양식

2-4-1. 한 시인의 시론에 대해 이야기하는 것은 옳지 않다는 생각을 했다. 그 생각에 전적으로 동의할 생각이 아니라면 그것은 전적으로 논쟁적일 수밖에 없다. 그럼에도 이 글을 쓰는 것은,

---

6) 알랭 바디우.『비미학』. 20쪽

시인의 시에 대한 과도한 애정(나에게는 집착으로 보였던)에 대한 나의 애정 때문이다. '미치지 않으면 미치지 못한다'는 말을 이해 못할 시인이 어디 있겠는가? 다만 나의 애정이 진정한 것이 되기 위해서는 논쟁적이라 할지라도 짚고 넘어가야 할 것은 짚어야 한다고 나는 생각한다.

2-1. "시구 한 자를 빼면 우주가 무너지고, 시구 한 자를 더하면 한 우주가 생겨나는 묘처가 시이다.… 시인은 사람도 아니고 귀신도 아니며, 이승과 저승 어디에도 속하지 않는 음허(陰虛)한 존재이다.… 하여, 아무리 아름다운 시일지라도 궁극엔 헛것이며, 그 헛것의 본질은 비극적이다."(김동원, 「시와 시인」『빠스각 빠스스각』) 이 구절을 읽고, 또 읽으면서 나는 이것을 어떻게 받아들여야 할지 고민했다. 시의 존재양식이란 무엇일까? 이 질문은 올바른 질문인가?

2-2. 물론 시의 힘이 은폐/탈은폐에 있다는 사실을 우리는 안다. "언어는 형태 없는 웅성댐과 번쩍거림에 불과할 뿐, 그것의 힘은 은폐에 있다. 그것은 기다림의 깊이 없는 망각이요 투명한 비어 있음인 것이다."[7] 그리고 "모든 시는 언어에 어떤 힘을 불러온다. 이 힘은 나타난 것의 사라짐을 영원히 고정시키는 힘, 또

---

[7] 미셸 푸코, 「바깥의 사유」, 『미셸 푸코의 문학비평』(김현 편), 문학과 지성사, 1989. 214쪽

는 나타난 것의 사라짐을 시적으로 억제함으로써 '이념'으로서의 현전 자체를 생산하는 힘이다."[8] 그러나 그 힘은 우리들의 '실재' 바깥에 존재하는 것이 아니다.

2-2-2. 바깥의 사유; 푸코는 다음과 같이 말한다. "성급하게 좌익주의적인, 격정적으로 반정신의학적 혹은 집요하게 역사적인 담론들은 이러한 [광기라는—발리바르] 작열점[foyer incandescent, 빛나는 중심]에 접근하기 위한 불완전한 방식들에 불과합니다. … 광기—혹은 비행이나 범죄—가 절대적 외부성으로부터 우리에게 말을 건다고 믿는 것은 허상입니다. … 여백은 하나의 신화입니다. 바깥의 말은 우리가 끊임없이 회귀하고 마는 그러한 몽상[일 뿐]입니다."[9] 시에 있어서도 마찬가지이다. 시는 신화를 꿈꾸고 몽상을 하지만 신화와 몽상이 시를 존재하게 하지는 않는다.

2-3. 우리는 허상이 아니라 실재한다. 그리고 그 실재는 생산체계, 생산 관계 속에 존재한다. 그리하여 문학은, 시는 그 관계를 끊임없이 헤집어 놓는 것이다. 그것이 시의 존재양식이다. "문학은 부서지고 끊어진 담론, 그것이 참조하는 모델의 규칙성을

---

8) 알랭 바디우. 『비미학』. 52쪽
9) 미셸 푸코. (에티엔 발리바르. 「바깥의 사유? 블랑쇼와 함께 푸코를」. 『개념의 정념들』. 후마니타스. 2025. 432쪽에서 인용-)

무너뜨리며 일상적인 명증성을 흩어버리는, 분해하고 마침내 폭발시키는 담론입니다. 그리고 문학이 그 고유의 형태들을 사용하여 행하는 작업은 작가의 결정이라는 개인적이고 주관적인 기획의 적용을 넘어서게 됩니다. 따라서 우리는 문학이 그 생산의 복합적 조직을 통해서 객관성의 차원을 지닌다고 인정해야 합니다. 그렇게 문학의 객관성이 드러나면, 문학생산은 더 이상 재현에 머물지 않습니다. 문학생산은 실제 세계의 역동성 밖으로 쫓겨나지 않고, 세계를 바꾸는 데 효과적으로 참여하게 됩니다."[10] 마슈레의 말에 나는 전적으로 동의한다.

2-4-2. 나는 내 이야기만을 했다. 나는 아마도 이 글을 김동원 시인에게 보여주고, 활자화해도 되는지 물을 것이다. 한 시인의 시가 아니라 시론에 대해 비판하는 것은 온당하지 않다. 심지어 나의 시는 언제나 나의 산문을 배반한다는 것을 나는 안다. 나는 다만 다른 나의 생각을 보여주고자 할 뿐이다. 문학이란 다름으로 하여 존재하는 것이 아니겠는가?

---

10) 피에르 마슈레. 『문학생산의 이론을 위하여』. 그린비. 2014. 8쪽 한국어판 출간에 부쳐

먼 그 곳 혹은 헤테로토피아(heterotopia)에서의 시

시는 장소론인가, 아니면 존재론인가, 아니면 단지 언어의 효과인가?

"시간 속에서 길을 잃고 시간 속에서 스스로를 되찾아야 하는 인간, 따라서 매 순간 스스로의 과거와 미래를 중요하게 생각하는 존재, 인간이 살아가기 위해 필요로 하는 이 옛것과 새것의 화해를 중재하는 것이 미학이다. 그러나 미학은 전승 가능성의 파괴를 통해 부정적인 방식으로 과거를 회수하며 미적 판단의 관점에서 바라본 아름다움의 이미지를 통해 전승 불가능성을 하나의 독립된 가치로 만들고, 그런 방식으로 과거와 미래 사이에 인간이 그의 행동과 지식의 기초를 마련할 수 있는 공간을 열어 보인다. 이 공간이 바로 미학의 공간이다. 그러나 여기서 전승되는 것은 다름 아닌 전승 불가능성이며 미학의 진실은 곧 미학의 내용이 담고 있는 진실의 부정과 일치한다."[1]

---

1) 조르조 아감벤, 『내용 없는 인간』, 자음과 모음, 2017, 231쪽

시가 보여주는 공간과 이미지 그리고 언어적 표현은 과거를 부정적으로 '회수'할 뿐만 아니라 스스로의 시적 표현마저도 표현되는 그 순간에 과거로 밀려난다. 미래는 언제나 미학적인 방식으로 유보되고 '옛것과 새것의 중재된 화해'는 끊임없이 유예된다. "역사와 결탁"하지 않는 한 시의 '그 곳'은 장소(topos)를 가지지 않는(-u), 유토피아일 따름이다. 유토피아는 비장소로서의 장소다. 그 없는 장소에서 나는 무엇을 하려는 것일까?

> 지금도 유리에 가면 그대 만날 수 있을까.
> 우리는 이제 아프지도 않고 절망하지도 않아
> 물 마른 강가에 앉아 있다던 그대와
> 맑은 물이 되어 만날 수도 있을 텐데.
> ―졸시 「유리에 가면」 부분[2]

'유리'라는 공간은 절망적인 과거와 미래를 연결하는 공간이었던가? 나는 '감옥'과 '해방'의 이미지를 유리라는 공간에서 찾으려 했다. 그러나 그 곳은 말 그대로 유토피아일 따름이었고 나의 '유리'는 과거와 미래의 화해를 중재하지 못했다. 시는 '먼 그 곳'에 대한 상상이지만 그 상상이 현실을 만나지 못하는 한 과거와 미래를 소모하는 일에 불과하다. 시는 장식(裝飾)화된다. 그렇다면 또 다른 길은 없는가?

---

2) 노태맹, 『유리에 가서 불탄다』, 세계사, 1995

"나는 등록되고, 어떤 하나의 장소, 어떤 카스트의 (혹은 계급의) 거주지에 끼워 넣어져 지명되고 있다. 거기에 저항하는 유일한 내적 교리는 (표류하고 있는 집에 대한) 아토피아(atopia)다. 아토피아는 유토피아보다 더 우월하다.(유토피아는 반응적, 전술적, 문학적이며, 의미에서 생겨나 의미를 작동시킨다.)"[3]

장소(topos)가 존재하지 않는(a-) 아토피아는 그 어떤 장소를 찾아 떠도는, 헤매는, 결코 정착하지 않으려는 의지이다. 유토피아와는 다르게 아토피아는 장소들 사이를 이동하고, 시간적으로 분절되어 있으면서 장소들과 시간을 부정하지만, 부정하기 위해 장소와 시간을 긍정할 수밖에 없기 때문에 보다 현실적이다. 장소는 그저 소모되지만은 않는다.

> 죽은 사람들은 사흘 동안 슬픔으로 동글동글 비벼져 푸른 염소의 울음 속으로 들어갑니다. 회화나무 가지에는 붉은 물고기들이 자라며 바람이 불 때마다 붉은 구리 종소리를 냅니다. 푸른 염소가 무릎을 꿇고 회화나무 언덕 아래 초록의 강을 바라봅니다. 슬픔이 깊어지면 푸른 염소의 수염이 강을 붉게 적시기도 합니다.
> ─졸시 「푸른 염소를 부릅니다-讚」 부분[4]

---

3) 롤랑 바르트, 『롤랑 바르트가 쓴 롤랑 바르트』, 동녘, 2013. 67쪽
4) 노태맹, 『푸른 염소를 부르다』, 만인사, 2008.

아토피아는 의미의 지배하에 있지 않다. 나는 의미를 드러내지 않고 장소들 사이를 뛰어 다니는 전략을 택했다. 푸른 염소, 회화나무, 붉은 물고기, 구리 종소리, 초록의 강, 푸른 염소의 수염 등은 단일한 의미로서의 '그 곳'이 아니라 아토피아로서의 '먼 그 곳들'이다.

그러나 아토피아는 아토피아일 따름이다. 나는 나의 시가 살아있기를 원하고, 나의 삶이 꿈으로만 끝나기를 원하지 않는다. "나는 우리가 사는 공간에 신화적이고 실제적인 이의제기를 수행하는 이 다른 공간들, 다른 장소들을 대상으로 삼게 될 하나의 과학을 꿈꾼다. 이러한 과학은 유토피아를 연구하지 않을 것이다. 〔유토피아라는〕 그 이름은 정말로 어떤 장소도 갖지 않는 것을 위해서만 남겨져야 하기 때문이다."[5]

그리하여 푸코는 헤테로토피아(heterotopia), 즉 다른(hetero) 장소(topos)를 꿈꾼다.

서로 구별되는 이 온갖 장소들 가운데 절대적으로 다른 것이 있다. 자기 이외의 모든 장소에 맞서서, 어떤 의미로는 그것들을 지우고 중화시키고 혹은 정화시키기 위해 마련된 장소들, 그것은 일종의 반(反)공간이다. 이 반(혹은 대항)공간, 위치를 가

---

5) 미셸 푸코, 『헤테로토피아』, 문학과 지성사, 2014, 14쪽

지는 유토피아들. 아이들은 그것을 완벽하게 알고 있다.…정원의 깊숙한 곳…다락방…인디언 텐트…부모의 커다란 침대…[6]

헤테로토피아는 이러한 것들이다. 위치를 가지는 유토피아. 이 불가능성, 이 아포리아(aporia)를 견디는 것이 시의 운명이다. "헤테로토피아들은 다른 모든 공간들에 대한 의의제기"이지만 유토피아나 아토피아처럼 그 공간을 빠져나가지 않는다. 헤테로토피아는 그 공간에 대한 긍정이다.

"살구나무 아래 서 있는데
살구 하나가 툭, 떨어진다.
/참았던 울음에서 피리 소리가 났다."

― 졸시 「벽암록을 읽다 4」 부분[7]

살구나무 아래에서 나는 구름과 노을을 올려다보고, 슬픈 얼굴로 지나가는 사람들을 쳐다본다. 살구나무 아래에서 살구 씨로 만든 피리를 불면서 인간의 예속과 비참과 구름의 자유에 대해 생각한다. 살구나무 아래는 나의 헤테로토피아다.

그러나 이 '헤테로'의 '장소'가 나의 '먼 그곳'일까? 시는 우리 삶의 공간에 대한 '의의제기'이면서 따뜻한 '다른 공간'에 대한 무조건적 긍정이기만 한 것일까? 나는 결국 하이데거로부터 한

---

6) 앞의 책. 13쪽
7) 노태맹.『벽암록을 불태우다』. 삶창. 2016

발자욱도 나가지 못한 것이 아닐까?

존재는 스스로를 은닉하는 탈은폐함(스스로 숨기면서 드러냄), 즉 시원적인 의미에서의 퓌시스(자연)다. 스스로 드러냄은 비은폐성 속으로 나타남이며, 다시 말해 비은폐성으로서의 비은폐성을 비로소 본질 속으로 간직함이다. 비은폐성은 알레테이아, 즉 우리가 번역하듯이, 진리라고 말해진다. 이러한 진리는 시원적인 것이다. 다시 말해 그것은 본질적으로 인간에 의해 인식되거나 진술되는 그런 성격을 지니고 있는 것이 아니다.… 진리는 스스로 드러내는 것으로서 존재 자체에 속해 있다.[8]

시원적 진리를 위해, 존재의 탈은폐를 위해 지금의 장소는 중요하지 않다. 지금 내가 서 있는 장소는 존재의 탈은폐, 꿈꾸는 유토피아를 위한 발판으로서의 장소에 불과하다.
 우리는 그것을 '바깥의 사유'라고 부른다. 그러한 시는 '바깥의 시'라고 부를 수 있을 것이다. 다시 말하자면 '바깥의 경험으로부터 온 사유 혹은 시'인 것이다. 그것은 우리의 경험으로부터 결과하지 않는 순수한, 주체 없는 과정으로 올 것이다. 과장되게 말해본다면, 대부분의 시인들은 자신의 능력과 상관없이 이 과정을 소망한다. 그러나, 푸코의 말을 빌리자면, 광기 혹은 비행이나

---

[8] 하이데거. 「아리스토텔레스의 퓌시스 개념과 그 본질에 관하여」. 『이정표 1』. 한길사. 2013. 281쪽

범죄가 절대적 외부성으로부터 우리에게 말을 건다고 믿는 것이 허상이듯이, 주체 없는 순수한 여백은 하나의 신화이다. 바깥의 말은 우리가 끊임없이 회귀하고 마는 그러한 몽상일 뿐이다.

우리는 바깥의 존재가 아니라 연결되고 관계하면서 형성되는, 경제와 정치의, '안'의 존재이다.

여전히 가장 흥미로운 지점은, 언어의 낯섦과 고유한 신체의 낯섦이라는 이 두가지 경험들을, 이 두 가지 경험들의 한 경험의 다른 경험에 대한 수수께끼적인 외부성 내에서 혹은 이 두 가지 경험들의 불안정한 결합 내에서, (우리는 선존재하지 않으며 대신 항상 우리는 우리를 구성하거나 우리를 '현재의 우리'로 만드는 그러한 관계들 혹은 관계들 이후에 존재한다는 점에서) 회복 불가능하게 우리 바로 그 자신인 이 '바깥'의 도주점으로 지시하기 위해, 서로 연결하는 것일 것입니다.[9]

어쨌든, 나는 다시 헤테로토피아들로 돌아갈 것이다. 이제 헤테로토피아는 '바깥의 사유' 즉 '바깥의 경험으로부터 온 사유 혹은 시'가 아니라 안의 경험으로부터 바깥으로 빠져 나가는 사유 혹은 시다. 그러나 그것은 어떤 상태의 시인가? 우리의 '먼 그곳'의 헤테로토피아들을 헤테로토피아로서 부여하는 시는 어떤 시

---

[9] 에티엔 발리바르. 「바깥의 사유? 블랑쇼와 함께 푸코를」. 『개념의 정념들』. 후마니타스. 2025. 444쪽

일 것인가?

  결국 나는 다시 처음으로 돌아왔고, 그 질문은 또 다시 반복될 것이다.

주체 없는, 생성으로서의 시학[1]
―정화진의 시를 어떻게 읽을 것인가?

1. '이것은 재현/표상(representation)하는 시(詩)가 아니다'

화가 마그리트는 파이프를 그린 그림 밑에 '이것은 파이프가 아니다'라는 말을 기입함으로써 사물의 이미지를 실제 파이프로 생각하는 사고에 비판을 가한다. 푸코는 마그리트에 대한 「이것은 파이프가 아니다」라는 글에서 이것을, 자신이 『말과 사물』에서 다룬 바 있는 재현/표상(representation)의 근대적 에피스테메(인식)로부터 벗어난 새로운 에피스테메로 설명한다. 근대적 재현/표상하기란 곧 분류하기이고, 그 분류된 것들을 질서 지워진 체계와 사실적 의미로 우리 눈앞에 세워놓는 것을 말한다. 근대 이후 우리에게 시(詩)는 세계를 재현/표상하는 작업이었고, 지금도 우리는 시를 풍경이나 정서를 재현/표상하는 것으로 이해한다.

---

[1] 이 글은 정화진. 『끝없는 폭설 위에 몇 개의 이가 또 빠지다』. 문학동네. 2022. 해설로 쓰여진 글이다.

나는 정화진의 시들에 덧붙여진 이 글의 시작을 '이것은 시(詩)가 아니다'라는 말로 시작하려고 했었다. 시를 시 아니라고 말하는 것은 이 시집을 조롱하기 위한 것이 아니다. (곧 설명하겠지만) 시인 스스로 '사물의 재현/표상을 부정'하였듯이 나도 나의 글쓰기 대상인 이 시들을 기존의 방식으로 재현/표상하지 않을 것이기 때문이었다. 물론 그렇게 하는 또 다른 이유는, 우리가 정화진의 시에 접근하기가 어렵기 때문이기도 하다. 그러나 시에 접근하기 어렵다는 것이 시/시인의 잘못이거나 독자의 무지 때문이라고 할 수 없다면, 우리는 또 다른 오솔길을 찾아 나설 필요가 있고, 나는 오솔길을 위한 새로운 시도를 해볼 참이다.

그래서 나는 지금 이 시집을 해설하는 것이 아니라 이해하려고 한다. 야스퍼스는 정신의학적 증상에 접근하는 방법으로 이해(understanding)와 설명(explanation)을 구분 지었다. 이해는 행위자의 내면에서 즉 그 사람의 입장에서 바라보는 방식이고, 설명은 외부 관찰자적인 입장을 취하는 것이다. 설명하는 외부 관찰자는 어떤 틀과 구조를 관찰 대상에 요구하고 윽박지르기 쉽다. 그러나 정화진의 시들은 시적 발화하는 주체를 지워버리고, 관찰되고 표현되는 대상도 낯선 공간 속에 낯설게 배치해놓는다. 여기서 설명은 불가능하고, 읽는 우리 스스로가 주체가 되고 사물이 되어서 시를 이해하는 도리밖에 없다.

우선 이 이야기부터 하는 것이 좋겠다. 정화진 시인은 1986년 『세계의문학』으로 등단한 이후, 1990년 『장마는 아이들을 눈뜨게 하고』(민음사), 1994년 『고요한 동백을 품은 바다가 있다』

(민음사) 두 권의 시집을 냈다(두 권 모두 2007년 민음사에서 개정판이 나왔다). 그러니까 이 시집은 이십팔 년 만에 나오는 세 번째 시집인 것이다. 이 긴 공백에 대한 이유는 생략하도록 하자. 다만 그 긴 기간 동안 시인이 어떤 세계관으로 굴절되었는지 (드문드문 문예지에 발표되는 한두 편의 시 만으로는) 알 수가 없었으므로, 시집으로 묶인 시들을 읽은 나는 당혹스러웠다. 이 시집을 처음 읽는 독자들도 나와 같으리라 생각된다. 그 당혹은 앞서 이야기했듯이, 우리는 시를 읽을 때 늘 시의 이미지나 사물들이 어떤 이야기를 숨기고 있으리라고, 혹은 재현/표상한다고 생각하는 경향이 있기 때문인지 모른다.

'도대체 시인께서는 무슨 이야기를 하고 계시는 건가요?' 같은 뻔뻔스럽고 황당한 질문을 시인을 직접 만나 던지고야 말았다. 뻔뻔스럽고 황당한 질문이라는 것은, 텍스트가 저자의 생각을 전달하는 매개라거나, 혹은 재현/표상하는 것이라는 낡은 생각을 내가 하고 있었기 때문이다. 그러나 그것이 낡은 생각이어도 필요하다면 우회하는 것도 하나의 방법. 나는 독자들의 이해를 위해 저자의 말을 가상 인터뷰 형식으로 전달할 것이다. 물론 인터뷰의 내용은 순전히 내가 창작한 것이다. (인터뷰어도 필자이고 인터뷰이도 필자이다. 하지만 인터뷰 도중 등장하는 사상가들은 모두 시인이 언급하고, 읽고 있고, 관심을 가지고 있는 인물들이다.)

완성된 시는 이제 시인의 것이 아니다. 시인이 '이런 의도를 가지고 썼다'고 말해도 시는 시인의 의도를 따라가지 않는다. 말들은 시인의 의도와 이미지를 늘 배반한다. 그러니 이 짧은 인터뷰 모두를 시 읽기 혹은 정화진 시의 길잡이로 믿지는 말기를 당부한다.

2. 가상 인터뷰

2-1. 주체의 소멸과 존재에 대한 탐구

나: 시인의 시들에 접근하는 것이 쉽지가 않습니다. 바로 핵심을 묻겠습니다. 시인이 그동안 관심을 가지고 있었던 것들, 시를 통해 시인이 말하고 싶은 것은 무엇입니까?

정화진 시인(이하 시인): 요즘의 제 시의 근간이 되는 것을 말하자면… 주체의 무너짐과 사물의 생성… 그러한 것들에 관여하는, 혹은 관여할 수 있는 시적 태도… 그리고 객체와의 거리 유지를 통해 주체성을 어떻게 희석시킬까 하는… 사유의 흔적이랄까요, 뭐 그런 것들이라고 대략적으로 말할 수 있지 않을까 싶네요. 말하려니 저도 좀 애매하네요.
나: 제 귀에 들어오는 핵심 단어는 주체 혹은 주체의 소멸, 대상, 사물, 객체 등등인 것 같습니다.
시인: 다르게 이야기하자면, 많이 생각하고 읽은 것들의 핵심 단어는 '존재', 혹은 '존재함'이라고 할 수도 있겠습니다. 이렇게도 말할 수 있겠네요. 존재의 침묵, 존재의 되새김, 존재의 공중

부양 등등으로 말이죠.

나: 이야기를 들으면서 알랭 바디우의 다음과 같은 말이 떠올랐습니다. "랭보가 '주체적인 시'에 야유를 퍼부을 때 또는 말라르메가 시란 주체로서의 작가가 부재할 때만 일어난다고 밝힐 때, 그들은 시가 진술하는 것이 대상성에도 속하지 않고 주체성에도 속하지 않는 한에서 시의 진리가 도래한다고 이해하는 것이다."

시인의 시에도 주체로서의 '나'가 혹은 나의 진술이 거의 나타나지 않고, 대신 수많은 '너' '그대' '그녀'가 등장합니다. '나'는 아주 간혹 나타나고 '나'의 주관적 진술도 거의 나타나지 않습니다.

> 넌 왜 기웃대니?/멍든 눈자위를 하고/ 붉은 입술을 달고 가면을 쓴 채/ 왜 울고 있니? 미래야
> —「너는 길이 어두워 꽃을 보지 못했구나」 부분

> 들판과 풀밭과 산맥을/ 건너왔나요?/ 그대 발을 잃었나요?/ 울지 말아요./ 그대에게 강의 노래를 들려드릴게요.
> —「그대, 울지 말아요」 부분

> 그대여, 우리는 어디까지 왔는가? 정원에 날카로운 새떼의 비명
> —「벚나무 아래」 부분

이 밖에도 수많은 '너' '그대' '그녀'가 등장합니다. 그리고 이

들은 하나같이 고통 속에 있고 '울고' 있는 이들입니다. 시인에게 너와 그대는 누구 혹은 무엇인가요?

  시인: 제가 좋아하는 철학자인 미셸 세르는 『헤르메스』라는 책에서 다음과 같이 말하고 있어요. "우리는 세계로부터 배제되어 있다. 우리는 텍스트, 낱말, 문장, 언어, 구어, 문어, 사어, 요컨대 주체의 대상 속에 갇혀 있다. 우리는 억압적이고 의심스러운 문화, 이데올로기, 관습의 정치 장소에서 소송의 권리를 상실한 상태이다." 우리 모두 배제되고, 갇혀 있고, 권리를 상실한 상태에 있다는 말에 저는 공감합니다. 그래서 그의 말처럼 재현의 철학, 압력 단체들이 행사하는 힘의 철학, 말, 차단벽, 환각 효과의 감옥에서 벗어나 밖으로 나가야 한다고 생각합니다.

  나: 시집을 처음 열었을 때 "넌 왜 기웃대니?"(「너는 길이 어두워 꽃을 보지 못했구나」) 같은 독백체의 말들이 꽤 낯설었습니다. 이런 표현들은 여러 곳에서 나타납니다.

  시인: 독백…이기는 하죠. 하지만 저는 누군가와 이야기하고 있습니다.

  나: 올바른 인용인지는 모르겠지만, 이런 표현을 보면서 언어학자 에밀 뱅베니스트의 말이 떠올랐습니다. 그는 독백은 마음의 언어로 이루어지는 '화자로서의 나'와 '청자로서의 나' 사이의 내면화된 대화라고 말합니다. 화자만 말하는 것 같지만 청자로서의 나도 항상 함께 함으로써 나의 발화행위를 유의미하게 만든다고 그가 말했던 같습니다. 시인께서도 이러한 독백을 통해 자기 자신과 관계하고 세상과도 관계하는 전략을 세우신 건

가요?

시인: 전략을 세우건 아니고요. (웃음)…무의식적인 전략일 수는 있겠죠.

처음 글을 쓰면서 저는 푸코던가요 아니면 블랑쇼던가요, 아무튼 그가 말한 '바깥의 사유'라는 말을 빌려 시인의 시들을 '바깥의 시'라고 규정 내리면 어떨까 생각했습니다. 주체 바깥의 사물들의 눈을 통해 나와 세상을 바라보려는 시 말입니다. 이 문제 제기는 차차 완성해보겠습니다.

2-2. 에코페미니즘

나: 시인의 시를 어떤 '주의(主義)'로 규정내리는 것은 적절치 않지만 이해를 위해 시인의 시를 에코페미니즘적인 것으로 생각해보았습니다. 가령 다음과 같은 시들입니다.

> 노인: 꽃피지 않는 나무는 죽은 강이다. 네가 기른 아이들은 서역국의 과일이 아니라 내가 빌려준 물고기들이다.
> 여자: 오 할아버지, 수십 년 동안 저를 살피지 않으셨잖아요./ 집으로 가야 합니다./ 저 피 토하는 아이들을 살려내야 합니다./ 저는 옷이 없어요.
> 노인: 강을 빌려주었더니 옷이 없다고?/ 목탄을 불쏘시개로 너는 그 빛나는 상상 창고를 불태우지 않았느냐?/ 저 길 밖으로 네가 떠나고 나는 외로웠다.

여자: 이 도시를 떠날 순 없어요. 제 아이들, 유리질로 변한 물고기들을 돌려주세요./ 저는 옷이 없답니다./ 길이 너무 어두워/ 집으로 가는 길을 찾지 못했어요./ 저는 옷도 없고/ 아이들을 안고 집으로 꼭 가야만 합니다.
ㅡ「너에게 강을 빌려주었더니」부분

삐쩍 마른 당나귀마저 소금 자루 지고 길을 나서네요. 노동에 바스러진 아낙네의 소금밭을 지고 당나귀들 바다 쪽 마을로 비틀비틀 구불구불 슬픔의 길을, 상인의 길을 따라 나서네요 붕대도 없는 길을. 아아 눈을 감으세요. 고원의 아낙네여. 고원의 소금밭이여/ 무너지는 빙하와 폭설 위에 몇 개의 이가 또 빠지다 청기와 일주문이 무수히 떨어져 내리다 붕대도 없는 좁다란 길을. 그 길을 당나귀들 비틀비틀 걸어 나가다.
ㅡ「길」부분

고난받는 여성과 피폐한 자연과 사회의 모습들이 보입니다.

물론 여성으로서의 삶과 자연은 저의 중요한 주제입니다. 그것은 회복되어야 할 그 무엇입니다. '그 무엇'이라고 제가 표현한 것은 이미 존재했었던 그것으로 돌아간다는 것이 아니라 '생성'으로서 새롭게 만들어져야 하기 때문입니다.

시인: 어딘가에서 화이트헤드는 이렇게 말한 적이 있습니다. '생성은 연속적이고 보편적인 흐름이 아니다. 생성은 각각 한정된 결정적이고 유한한 것, 서로 간에 구별되는 계기들이 이루는 다

수성이다.' 생성은 구불구불하거나 단절되어 있고 우발적이기도 한 것이겠죠. 저는 이 모든 것이 간단하게 그릴 수는 없다고 생각합니다. 다만 저는 여성과 자연에서 그 생성의 힘을 가져옵니다. 그런 의미에서 저의 시를 에코페미니즘적이라고 불러도 부정할 생각은 없습니다.

2-3. 이미지

나: 시집에 많은 이미지들이 사용되고 있습니다. 수직과 벼랑의 이미지(여기에 대해 잠깐만 이야기하자면, 규범이라는 말의 라틴어인 norma는 직각, 수직이라는 뜻의 normalis라는 말에서 왔다고 합니다. 정상적이고 규범적인 것은 수직과 벼랑의 이미지를 내포하고 있다는 뜻이겠지요. 역설적이죠. 시인의 시들에서 보여주는 이미지가 아닐까 생각합니다), 고체 바다의 이미지, 바늘의 이미지 등등이 생각납니다. 붕대도 있군요. 시 두세 편에서 붕대 이미지가 나오는데, 붕대는 어떤 의미인가요? 시를 인용해보겠습니다.

> 그는 날개 잃은 나뭇가지에 붕대를 감아올린다 시장은 늘 그렇다 사람들이다 그는 붕대 공장에 다닌다 그는 오래전에 추방되었다 그곳은 새들의 세상이었으므로, 노파가 그곳의 주인이었으므로, 누군가 오늘도 불을 지른다 으흐흐흐 나무들이 춤을 춘다/ 날개 잃은 새떼가 재처럼 흩어진다 대지 위

로 재와 연기의 바람이 분다/ 그는 느릿느릿 길게 붕대를 감아올린다/ 그는 시장 갈 채비를 끝마친다

—「흰 뱀에 관한 추억」 부분

   그가 들고 나오는 붕대조차 더욱 붉기만 하다 마당의 햇별 아래 반쯤 가죽이 벗겨진 황소가 나와 앉아 있다 그러나 문제는 바로 그 나뭇가지들이다 언젠가 그가 붕대를 감아준 나뭇가지들이지 날개 잃은 나뭇가지들이 쉼 없이 가늘게 떨고 있으니 말이야

그래 그래
조금만 조금만 더 기다려보자
황소야 무거운 황소야 저 나뭇가지 좀 보아
날개가 돋아나려나봐
붕대를 풀고 날아오르는 저 희고 흰 나비떼 좀 보렴
그래, 나비 또 나비야
그런데 말이지
그게 문제야 넌 아니?

—「나비 또 나비」 부분

   붕대는 치유의 의미를 가지는 것이라고 생각하시겠죠? 물론 그러한 의미를 가지고 있습니다. 우리를 감싸면서 더 높은 곳으로 데려가는 번데기 같은…

그런데 제일 마지막에 "그게 문제야 넌 아니?"라고 하면서 붕대의 그 이미지를 붕괴시켜버리거든요?

시인: 우리가 항상 조심해야 할 것은, 앞서 화이트헤드의 말처럼 생성은 연속적이고 보편적인 흐름이 아니라 불연속적이고 우발적인 거라는 점입니다. 이미지의 발생과 그 과정도 마찬가지여야 한다고 생각해요. 나비가 붕대를 풀고 나오는 그 순간은 해방의 순간이 아니라 또다른 고난의 시작이 아닐까요? 그걸 잊어버리면 갓 태어난 나비는 불행할 겁니다.

나: 시에 나타난 이미지에 대해 이야기해볼까 합니다.

시인: 여기에 맞는 인용이 생각났습니다. 발터 벤야민은 「역사 개념에 대하여」라는 글에서 이렇게 말했어요. "지평, 즉 저편을 본다는 것은 우리를 스치는 이미지를 보지 못하는 것이다. … 지평에만 배타적으로 주의를 기울이는 것은 최소의 이미지를 응시하지 못하게 되어버리는 것이다." 나비가 붕대를 벗어버리는, 붕대 너머의 지평만을 생각했기 때문에 문제인 것이겠죠. 벤야민은 이미지를 '과거의 모든 지평을 돌파하는 하나의 불덩이'로 표현했었죠. 이미지는 우레와 같은 것 아닐까요? 물론 제가 그 단계까지 갔다고 생각하지는 않고요.

나: 저는 시인의 시들이 어떤 공간을 구축하고 있다는 생각이 들었습니다. 가끔은 니체의 차라투스트라 공간이 연상되기도 했습니다.

시인: 베르그송은 이미지를 선별하는 것은 공간화하는 것이고, 공간은 우리가 시간적 세계를 제어하기 위해 집어넣는 틀이라고

했습니다. 저는 아직 완전히 성공하지는 못했지만 그 공간을 창조하고 싶습니다.

나: 무엇이 시인을 자꾸 그곳으로 몰아가고 있는 것일까요?

시인: 베르그송이나 하이데거처럼 말한다면 삶에 대한 '염려' 같은 것 아닐까요? 죽음일지도...

2-4. 존재의 말

나: 좀 가벼운 질문을 해보겠습니다. 이것을 의성어로 불러야 될지 모르겠지만, 시에 이런 표현들이 가끔 나타납니다.

> <u>으흐흐흐</u> 나무들이 춤을 추고 있다.
> ―「회색 뱀에 관한 추억」 부분

> 붕붕붕 눈이 마르는구나
> ―「정밀의 책」 부분

> 오~호호호호 쇠물닭 웃다
> ―「바다는 쇠물닭을 몰고 온다」 부분

> <u>오호호호</u> 오호호호 호호 쇠물닭 웃음소리 들린다.
> ―「섬세한 입들에서 폭언이 장마처럼 우거질 때」 부분

흔히들 쓰는 표현 같기는 하지만 조금은 다른, 이 "으흐흐흐" "오호호호" 같은 표현을 어떻게 이해하면 되죠?

시인: (웃음) 이건 순전히 저 스스로의 재미를 위한 거라고 할까요? 그래도 굳이 의미를 붙여보자면, 앞서 언급한 미셸 세르의 『헤르메스』의 다음과 같은 문장을 인용해볼 수 있을 겁니다. "바다에서 들려오는 아우성과 헐떡임은 말을 지우는 근본적인 담론이다. 존재가 자기에게 행하는 담론이다. 존재와 존재가 서로 육체 관계를 맺을 때 나는 무력해져 문자 그대로 회로 바깥에 있다. 그리고 바람은 파도, 선회, 돌풍, 물살로 바다 위에 글을 쓴다."

어쩌면 매우 주관적인 상념일 수 있겠지만, 나는 나무에게서, 눈에서, 쇠물닭에게서 그 소리를 듣습니다. 실제로 듣는 소리가 아닐 수도 있습니다. 그러나 내가 상상하거나, 그 이름을 부를 때 나는 그 소리를 듣습니다. 그들은, 그 존재는 그 소리를 가지고 있습니다.

나: 가벼운 질문이라고 했지만 이를통해 대상, 사물, 존재에 대한 여러 물음을 던져볼 수 있을 것 같습니다. 다만 시간 제약상 더 나아가지는 못할 것 같습니다. 요즘 시를 위해 많은 책들을 보고 계신 것 같네요?

시인: 요즘 관심을 가지고 보는 철학자들은 화이트헤드와 베르그송을 잇는, 흔히들 사변적 실재론자 혹은 신유물론자라고 부르는 그레이엄 하먼, 브뤼노 라투르, 퀭탱 메이야수 등등입니다. 기술철학이라고 해야 하나? 개체화 이론으로 유명한 시몽동도 있군요. 하지만 학자는 아니니 시 쓰는 데 도움이 되는 교양

수준일 뿐입니다. 늘 관심이 가는 분야는, 여전히 이해하고 있지 못하지만, 양자역학이나 우주론 같은 것인데 이것도 얕은 교양 수준입니다.

2-5. 육포

나: 마지막으로, 이것은 꼭 물어보고 싶었는데, 두 편의 시에 나오는 '육포(肉脯)'는 무슨 의미인가요? 이 두 편의 시는 한 이야기의 다른 장면처럼 보입니다.

> 그러니까 내가 그 노인을 만난 것은
> 티베트 어디쯤도 아닌 마을의 시장통에서였다.
> 어떤 광포함 또는 그늘이 찾아다니는 골목 또는
> 광장으로 이어진 길 위에서는 여전히 짐승을 잡듯 사람들이 죽어나간다
> 내 옷자락을 잡은 것은 노인이 아니라 아마 그의 붉은 옷이 나를 거머쥔 것일 게다
> 오랜 세월 바람에 깎인 듯한 얼굴을 드러내며 미소 짓는
> 노인이 내게 내민 것은 말린 육포 조각이었다
> …
> 노인은 오늘도 시장통에서 보기 드문 고기 포들을
> 널어 말리고 있다
> 온통 붉은 그의 옷은 해어지고 낡았으나

하나의 경전, 하나의 마른 육포 조각이다
나는 그가 준 육포 조각으로 무엇을 할 수 있을 것인가
세상의 광장에서는 아직도 비명 소리가 들리고
군인들이 박쥐처럼 날아 다닌다
　　　　　　　　　―「새장 속의 육포 조각」 부분

새장 속에 쌓여가는 연체된 조각들을 보며 웃어본다
나는 그냥 살아 있기는 하다
필경 내 살점이라도 떼어서 팔아야 할 지경에 이른 듯하다
신단수 아래 곰처럼 무릎에서 꽃필 날을 기다렸건만
우편배달부만 또 나를 찾아온다
강물 소리 오늘도 거칠다
빨래를 널어야겠다
그 노인이 육포 조각을 널어 말리듯
　　　　　　　　　―「육포에 대하여」 부분

첫번째 인용한 시는 내용이 어느 정도 명확합니다. 혼돈과 고통의 세상을 표현하고 있습니다. 그럼에도 육포에 대한 의미는 이해할 수 없습니다. 두번째 시는 시의 내용부터 이해하기가 쉽지 않습니다. 다만 빨래 = 육포가 겹치면서 의문이 두 배로 증폭됩니다. 그런데 저는 두번째 시의 "연체된 고지서를 날라주는" 그러나 잘못된 주소지로 날라주는 우편배달부에서, 데리다에 대해 잘 알지는 못하지만, 데리다의 '우편엽서'가 떠올랐습니다. 그

렇게 읽어도 되는가요?

시인: 저도 데리다에 대해서는 잘 알지 못합니다. 다만 그의 이야기를 지나가면서 들었을지도 모릅니다. 기억이 맞는다면 데리다는 기원도 없고, 발신자도 없고, 수신자도 없는, 다만 우체통에 넣어져 우편 배달부에 의해 끊임없이 전달되고 순환하는 동일성에 대해 비판하는 것 같습니다. 데리다의 이미지가 저에게 무의식적으로 왔을지도 모르죠.

나: 저는 육포를 이렇게 이해했습니다. 육포는 죽은 존재 즉 과거로부터 유래하는 것입니다. 그런데 베르그송이 말한 것처럼 과거가 이미지가 되는 순간 그 이미지는 하나의 현재적 상태가 됩니다. 과거이지만 현재와 미래에 참여하는 것이죠. 그래서 저는 이렇게 생각했습니다. 육포의 기원은 과거 몽고군의 전통으로부터 온 것이라고 하는데, 육포는 원정을 떠나는 원나라 군인들의 손쉬운 전투식량이었던 것입니다. 다시 말해 육포는 과거의 죽은 존재이지만 이제는 어딘가로 떠나는, 떠나야 하는, 들뢰즈처럼 말하자면 유목민인 노마드들의 양식이 아니냐는 것입니다. 우리 모두 육포를 준비하고 어디론가 떠나자고 하는 … 어떻습니까?

시인: 그 해석에 무척 뿌듯하셨나봅니다.(웃음)

사실 그렇습니다. 빨래도 어딘가로 떠나기 위한 준비로 생각해도 될 것 같았습니다.

시인들의 의미는 끊임없이 유동적인 것 아니겠습니까? 미끄러운 물고기처럼 본인의 시조차 본인이 붙들지 못하지 않습니까? 그래서 저는 여기까지만 답변하겠습니다.

  나: 다음 기회가 되면 더 많이 공부해서 질문 드리도록 하겠습니다. 감사합니다.

3. 마무리-겨울 정원

  이렇게 이야기해도 된다면, 이 시집의 정화진의 시들은 놀랍고 새롭다. 낯설지만 뭔가 모를 새로운 것들이 나타날 여명의 시처럼 느껴진다. 나는 마지막으로 시 한 편을 소개할 것이다. 이 시는 긴 침묵 끝에 나타난 시인의 현재 모습처럼 느껴진다.

> 회백색의푸르고견고하고분홍을휘발시킨듯너의색조는뇌
> 경색을앓던계절의표정이다
>   오래백일몽을꾸다가자각몽겹겹길에서꿈인듯부서진발을
> 빠트리다겨울이오고
>   그대에게보낼짧은편지는찢어뜰에묻었다구근을몇뿌리심
> 고녹슨부삽끝에묻어나오던흐려진안부인사위에
>   흙을뿌리고침묵의바크를덮었다
>   우리의모든만남은제한되어있었다
>
>   추위를견딜구근위에왕겨를뿌렸다
>   습기조차잃었던정원은그러나지난겨우내내얼어붙어있
> 었다

알줄기를 파는 알브레히트 호흐(Albrecht Hoch) 베를린 지점은
1893년 문을 열었는데
   그 무렵 베르그송은 근본적인 무력함**에 빠져있었다
   그녀의 정원 장미, 노발리스는 언 채로 시들어갔다 그러나 아름다웠다
영하 12도에도 꽃가지 하나를 밀어냈다

   근본적인무력함에기대보려어깨를밀어넣었다책의옆구리
에서이끼와전경수초쿠바펄이묻어나왔다
   수초가자라오르는유리볼을바라보며어떤무력함의침묵속
에서우리는조금씩지쳐가고있었다
   회랑에길게줄을서는일이잦아졌다
   형이상학책을덮고베르그송을덮고여원나뭇가지가보이는
이면도로창가에오래앉아있었다
   습한추위였다모두외출은금지당했다서재문을닫고책위에
흰천을덮어두었다눈이전혀오지않는겨울이지나가고있었다

   사프란과튤립과콜치쿰과알리움,사랑과죽음과무지와맹
목이무력함의정원에첫스노우드롭꽃대를밀어올렸다
   [겨울정원]에휜종소리가울렸다

—「겨울 정원」 전문

「겨울 정원」은 앞뒤의 [문]이 가로막힌 「[겨울정원]」이다. 회

백색이거나 모든 빛깔이 휘발된 무채색의 정원이다. 폐쇄된 그곳에서는 꿈조차 앞으로 나아가지 못하고 그 진흙 펄에 '부서진' 발이 빠진다. 소통은 차단당하고, 침묵 속에서 다만 잘 지내라는 안부 인사만을 속으로 되뇔 뿐이다. 모든 것이 얼어붙은 겨울의 정원이다.

그 겨울 정원에서 시인이 하는 일은 구근식물을 사서 정원에 심고, '생명의 약동'을 이야기하는 철학자 베르그송을 역설적으로 무기력하게 읽는 일이다. 영하 12도에 노발리스 장미가 꽃가지 하나를 밀어내는 것이 시인에게 위로가 되는 일일까? "오소소, 파르라니"(「간이의자」) 자란 쿠바펄 수초를 바라보는 것은 그저 무력감일 따름이다. 차례에 밀려 어디론가 가서는, 멍하니 창밖 마른 나뭇가지만 바라보고 있다. 책은 희망이 되지 않기에 흰 천으로 덮었다.

샤프란, 튤립, 콜치쿰과 알리움이 아름답게 피던 정원은 사랑이었지만 죽음이었고 맹목이었다. 그것을 깨닫지 못한 것은 우리의 무지였다. 그런데 어느 날, 그 무력함의 정원에 스노우드롭이 종모양의 흰 꽃을 피운다. 에덴의 정원을 쫓겨난 아담과 이브의 절망 위로 내리던 흰 눈, 그 눈을 변화시켜 희망의 봄을 보여주려 했던 천사의 꽃, 스노우드롭. 시인은 그 흰 꽃으로 「〔겨울 정원〕」의 앞뒤 문을 열어젖히고, 희망의 흰 종소리를 울리고 싶어한다…

이 시를 산문으로 옮기면 이렇게 읽을 수 있을 것이다. 수년간 코로나19 팬데믹을 겪은 우리의 일상을 표현한 것으로 읽힐 수도 있을 것이다. 내가 아는 한, 이 시는 이 시집에서 가장 최근에 쓰인 것이기 때문에 그렇다.

그러나 나는 이 시를 시인이 긴 시간 동안 침묵했었던 날들을 마무리하는 작품으로 생각한다. 공백이 길었기에, 그렇지만 그 공백을 스스로 단련하고 있었기에 이제 시인은 새로운 모습으로 우리에게 나타날 것이다. 이 시집은 '흰 종소리'이다. 그러나 다음에 나올 새로운 시집은 샤프란과 튤립과 콜치쿰과 알리움이 아름답게 피는 사실의 정원, 이미지의 정원이 될 것을 나는 의심하지 않는다.

삶과 세계는 「백공천창」, 구멍투성이와 상처투성이다. 이 희노애락과 오욕의 세상에서 시인들은 소리쳐 우는 자이다. 연암 박지원은 『열하일기』에서 희노애락오욕이 있는 이 세상을 "좋은 울음터로다. 한바탕 울어볼 만하구나!" 하였다. 그러므로 우리도 시인과 함께 "어둠이 아무리 청동 무게일지라도 통곡할 만한 자리가 아니더냐. 재스민 향기 속에/ 히잡 벗은 여인들과 함께/ 우리 어둠이 다 사라지게 크게 한번 더 크게 웃어보는거지 뭐."(「어둠 속 장미」)

빌어먹을, 이 시인(詩人)이라는 폐허
─허수경 시인을 생각하며

1. 나는 시인이 사라진 그 사막 한가운데의 폐허에 가 닿았다. '양과 염소들이 물을 찾으러' 갔던 허물어진 성벽의 그림자 아래였다.

1-2. "고대 왕들은 벽돌에 이름을 새겨 넣으면 비명이 있는 벽돌 면을 안으로 밀어 넣어 벽 앞에 선 사람들이 그 이름을 읽을 수 없게 만들었다. 그 벽을 허무는 사람만이 왕들의 비명을 읽을 수 있었다."[1] 그렇게 나는 허물어진 성벽 덕분에 드러난, 벽돌에 새겨진 그의 그늘진 이름을 보았다. 허수경(1964-2018).

1-3. 1990년대 초반 그가 대구에 왔을 때 시인들 사이에 섞여 그를 한 번 본 적이 있다. 내 기억이 맞다면 그는 멋들어진 노래 한 자락을 뽑았고, 그런 시인에게 사람들은 반하지 않을 수 없었

---

1) 허수경,『나는 발굴지에 있었다』, 난다, 2018, 18쪽 (이 책은 2005년 현대문학 출판사에서『모래도시를 찾아서』라는 제목은 출판된 바 있다.)

다. 그리고 그것이 끝이었다. 나의 책장에는 늘 그의 새로운 시집들이 꽂혀 있었고 나는 그의 시들을 좋아했지만 (아직) 제대로 그의 시 속으로 들어가 보지는 못했다. 그러다 그가 세상을 떠났다는 소식을 들었다. "슬픔만한 거름이 어디 있으랴// 남녘땅 고추밭/ 햇빛에 몸을 말릴 적/ 떠난 사람 자리가 썩는다/ 붉은 고추가 익는다."(「탈상」『슬픔만한 거름이 어디 있으랴』.실천문학사. 1988. 부분) 나의 이 슬픔도 거름이 될 수 있을까?

2. 시를 쓴다는 것은, 시인이 된다는 것은 사막에 숨겨진 소금굴을 찾아 떠나는 '코끼리'가 되는 일이다. "사막에 대해서라면 조금 아는 바가 있다"고 시인이 자신하는 것은 시인에게 사막과 폐허는 익숙한 곳이기 때문이다.

2-2.
　　　사막에 대해서라면 조금 아는 바가 있다. 태양이 질 무렵 사막에서 일어난 먼지는 태양과 함께 진다. 양과 염소들이 물을 찾으러 더 이상 먼 길을 가지 못하는 것도 보았다. 물을 찾으러 나선 사람들이 겨우 얻은 삽으로 우물을 파는 것도 보았다. (중략)

　　　사막에는 모래에 덮인 무덤과 묻히지 못한 사람들과 코끼리들만이 살아간다. 이 코끼리에 대해서도 들은 바가 있다. 소금을 찾기 위해 암벽에다 굴을 팠다는 코끼리들이다. 아이들을 데리고 소금을 먹이기 위해 몇십 마일을 걸어온 코끼리 어미는 굴에 도착하기도 전에 죽었고 아이들만 굴의 바위벽을 핥으며 소금을 먹었다.
　—「사막에 그린 얼굴」 부분.『빌어먹을, 차가운 심장』.문학동네. 2011.

　그러나 "사막에 그린 얼굴"은 "황폐한 미래를 위해 (이곳은) 다른 곳보다 망각이 먼저 오고 가장 오래 머물"고 있는 곳이므로 곧 사라질 것이다. 시인은 폐허를 바라보는 자이고, 또한 폐허 그 자체이다.

　2-3. 그의 시는 변모할 운명을 가지고 있었다. 그는 한 글에서 시적 '편(경향)'과 '전통'에 대해 비판한다. 등단하고 얼마 지나지 않아서 듣게 된 말:"허수경씨, 시는 우리 입장이랑 비슷한 것 같은데 진짜 우리 편은 아닌 것 같아요."라는 말에 "분노가 사그라들지 않았다"고 쓰고 있다. 그는 다음과 같이 말한다. "시인으로서 내 존재는 고아이다.…여태껏 써오던 시를 쓰면서 시인으로 살 수는 없지 않은가. … 전통이라는 게 주어져 있는 일방통행일 때 그것은 인간을 억압한다. 그래서 나는 내 속에서 돌아다니는 것은 '기억'이지 전통에 기반하고 있는 무엇은 아니라고 생각한다."[2]

---

2) 허수경.「시인이라는 고아」.『가기 전에 쓰는 글들』. 난다. 2019. 351-353쪽

2-3-2. 그는 시를 상상하고 발굴하려고 하였다. "시를 쓰던 순간은 어쩌면 그렇게 다른 이가 잊어버리고 간 십자가를 바라보는 일인지도 모른다. … 간절한 한 사람의 시간을 붙들고 있는 것, 그 시간을 공감하는 것, 그것이 시를 쓰는 마음이라는 생각을 나는 하곤 한다. … 시를 쓰는 순간 그 자체가 가진 힘이 시인을 시인으로 살아가게 할 것이다."(2017년 11월 12일 일기)[3]

3. 그리하여 그는 상상과 상징의 작은 창문으로 폐허의 세상을 바라보는 시인이 된다.

3-1.
>(중략) 소는 그 자리에서 주저앉았다
>아이도 주저앉아 소를 밀었다
>소는 빛 속에 주저앉아 눈을 감았다
>아이는 소를 제 품에 안았다
>둘은 진흙으로 만든 좌상이 되어간다
>빛의 섬이 되어간다
>파리 떼가 몰려온다
>파리의 날개들이 빛의 섬 위에서
>은철빛 폭풍으로 좌상을 파먹는다
>하얗게 남은 인간과 짐승의 뼈가 널린 황무지

---

[3] 허수경. 앞의 책. 299쪽

자연을 잡아먹는 것은 자연뿐이다

―「아사餓死」부분.『누구도 기억하지 않는 역에서』. 문학과지성사. 2016.

이 시는 청동의 조각상처럼 다가오는, 묵시록의 한 장면과 같다. 시인은 미래를 희망하지 않는다.

3-2. 질베르 뒤랑의 말을 들어보자. "'신화와 마찬가지로 詩는 제거될 수 없다'.… 시적인 '사치'는 우리를 화나게 만드는 것이 아니다. 인간의 의식을 탈신화화할 수 없기에 나오는 그러한 사치는 인간 정신에게 일종의 행운이며 소크라테스가 말한바 있는 "겪어볼 만한 위험"이다. 소크라테스는 그것을 결정적인 순간에 죽음이라는 객관적 무화와 대립하면서 신화의 권리를 긍정하게 만들고…바로 그렇기에 인간에게 진정한 명예는 시인에게 속하는 것이다…개인의 존재론적 사명의 진정한 위엄과 자유는 상상계의 장을 구성하는 정신적 자발성과 창조적 표현에만 토대를 두고 있기 때문이다."[4]

희망을 노래하지 않는 그의 시는 그러나 "인간과 짐승의 뼈가 널린 황무지"인 폐허의 세계를 미리 바라보고, 시로 노래하면서 그 종말을 지연시키고 싶어한다. "오르페우스의 리라가 없는 아

---

[4] 질베르 뒤랑.『상상계의 인류학적 구조들』. 문학동네. 2022. 549쪽

르고 원정대는 어떻게 될까? 누가 사공에게 리듬을 줄 것인가? 황금 양털이 존재하기는 하는 것일까?"⁵⁾

3-3.
무엇이 오는가 이 마을에

풍차는 더 이상 돌아가지 않고 얼음 창고 속에 저장된 얼음도 없는데 새로 이사 온 오랜 대륙에서 건너온 물소들이 다리를 절며 토끼를 쫓아다니는 고양이를 물끄러미 바라보고 있는 이 마을에 (중략)

누가 오는가 이 마을에

슈퍼마켓 앞에서 말라가는 수선화는 지난봄에 피어났고 가판에 진열된 감자는 십 년 전에 수확한 것인데 수십 년 동안 도축된 채 냉장고에 들어 있던 돼지들이 텅 빈 밀밭을 헤매고 있는 이 아무도 없는 마을에 오는 자는 누구인가, 오십 년 전 피어난 찔레꽃 저녁을 그림자에 안고 이 곳으로 이 곳으로 고향이라고 돌아오는 자가 부르는 노래는

---

5) 질베르 뒤랑. 앞의 책. 554쪽

누구의 것인가
　　　 －「늙어가는 마을」 부분. 『가기 전에 쓰는 글들』. 난다.
　　2019. 336-337쪽)

　시집으로 묶이지도 못한 이 시는 그의 폐허 의식의 절정을 보여 준다. 그러나 이 폐허 의식은 종말만을 향한 것은 아니다. "아직 물새의 깃털 속에 따뜻한 바람이 조금은 들어 있지 않을까? 그렇지 않음, 왜 새들은 죽지에 부리를 대고 강가를 서성"이고 있겠는가?"[6] 이것은 모든 시인들의 운명과도 같다. 비극적인.

　4-2. "그리고 가야겠다. 나에게 그 많은 것을 준 세계로. 그리고, 그리고, 당신들에게로 (2018년 4월 15일 일기)"[7] 마지막으로 기록된 일기다. 몇 달 후인 2018년 10월 3일 뮌스터에서 시인은 생을 마감했다.

　4-2-1. 사라지고 난 후, 시가 남지 않고 시인이 남는 것은 시인에 대한 모독이다. 나는 나에게 온 그를 잠시 애도하고, 기억에서 떠나보낼 것이다. 그리고 이제, 그의 시가 남았고 내가 폐허의 고고학자가 될 차례다. 빌어먹을, 이 시인이라는 폐허여!

---

6) 허수경. 「사랑의 그림자를 쫓기 위해 당신을 방문한 후기-『빌어먹을, 차가운 심장』에 부쳐」. 『가기 전에 쓰는 글들』. 난다. 2019. 342쪽
7) 허수경. 앞의 책. 308쪽

4.
　　　잘 지내시길,
　　　이 세계의 모든 섬에서
　　　고독에게 악수를 청한 잊혀갈 손이여
　　　별의 창백한 빛이여
　　　　-「섬이 되어 보내는 편지」부분.『누구도 기억하지 않는 역에서』. 문학과지성사. 2016.

문인수, 시(詩)아니고는 아무 것도 아닌
─문인수 시인을 그리며

1. 시(詩)란 무엇인가?

플라톤에게서 시(詩)는 철학과 근원적으로 양립할 수 없는 것이었다. 플라톤에게서 참된 것은 참된 정치이고, 그것은 잘 짜여진 폴리테이아(도시국가의 시민과 시민권)를 통해서만 실현되기 때문이었다. 그런 플라톤에게 시는 "규칙에 따른 뛰어넘기가 아니라 값없이 주어짐이며, 법칙 없는 명제"여서 그가 가치 있다고 생각하는 이데아를 향한 "계산하는 로고스의 노동"이 아니었다.[1] 그런데 철학자 바디우는 현대시는 그러한 플라톤의 미메시스(이데아의 모사)와 정반대라고 말한다. "현대 시는 그 작용을 통해 어떤 '이념'을 드러내며, 그 '이념'의 대상과 그것의 객관성은 드러난 '이념'에 비하여 빛바랜 복사본일 뿐"이라는 것이다. 이제 시로 드러난 현상 혹은 드러난 이념은 그 이데아로서의 본

---

1) 플라톤의 '아카데미아' 입구의 머리말이 "기하학을 모르는 자는 이곳에 들어오지 마라!"라는 것을 생각해 보라.

질보다도 빛나는 것이어서, 종국에는 본질과 현상이라는 이원론적인 세계관도 무너진다. 조금은 난해하지만 바디우의 말을 인용해보자.

> 시가(詩歌)는 언어의 한계에서 도래하는 현전으로서의 다수에 관한 진리를 만들어낸다. 또는 시는 그 경험적 객관성조차 소멸되는 가운데 "여기 있음"의 순수 관념을 현재화하는 능력으로서의 언어의 노래다. 랭보가 영원은 "태양과 함께/가 버린 바다"라고 노래했을 때, 또는 말라르메가 감각적인 것에서 관념으로의 모든 변증법적 전환을 "밤, 절망, 그리고 보석" 또는 "고독, 암초, 별"이라는 세 단어로 요약했을 때, 그들은 명명(命名)이라는 도가니에서 단어에 달라붙어 있는 지시체를 녹여, 감각적인 것의 시간 속에서의 사라짐을 비시간적으로 존재하게 만든 것이다.[2]

그래서 바디우는 시를 역량(potentia) 혹은 힘으로 생각한다. "모든 시는 언어에 어떤 힘을 불러온다. 이 힘은 나타난 것의 사라짐을 영원히 고정시키는 힘, 또는 나타난 것의 사라짐을 시적으로 억제함으로써 '이념'으로서의 현전 자체를 생산하는 힘이다."(바디우 앞의 책52쪽) 라고 말한다. 더 나아가 "시는 묘사도

---

[2] 알랭 바디우. 「시란 무엇이며, 철학은 그것에 대해 어떻게 생각하는가?」.『비미학』. 이학사. 2010. 46쪽

표현도 아니다. 시는 세계가 주는 감동을 담아낸 그림도 아니다. 시는 하나의 작용이다."(바디우 앞의 책 61쪽) 라고 말한다. (지금 여기서는 바디우의 시학 혹은 '비미학'을 논의하는 자리가 아니므로) 나는 바디우의 강조점들 즉 '역량(힘)', '현전', '작용'에 주목해보고자 한다.

우리는 흔히 시를 국어사전이 정의하듯이 "정서나 사상 따위를 운율을 지닌 함축적 언어로 표현한 문학의 한 갈래"로 생각한다. 그러나 이러한 정의는 '표현하는 주체'를 중심으로 사고하는 것에 다름 아니다. '내 생각'과 '내 느낌'을 짧고 아름답게 치장하고, 저 너머의 '본질'에 대해 그리워하는 것을 시라고 생각하는 것은 인식론적으로 주관주의이고 그것은 근본적으로 본질을 염두에 두고 있는 이원론을 바탕에 깔고 있는 것이다. 그러나 시에 있어서의 '역량(힘)', '현전', '작용'은 그 어떤 본질로부터 오는 것도 아니고, 나의 주관이 생산한 것도 아니다. 그것은 주객관의 상호관계로부터 오는 것이다.

나는 지금 문인수 시인의 시를 통해 '시란 무엇인가?', '시인이란 어떤 존재인가?'라는 질문을 던지고 있다. 그의 모든 시가 훌륭한 것은 아니지만, 지금껏 나는 그의 시를 읽어오면서 가끔씩, 아니 자주, 내 감각 속에 실재로서 현전하는 '그 무엇'을 느꼈다. 나는 그것이 우리 시의 가치이자 효과라고 생각했고, 과장 없이 그가 우리 당대의 최고의 시인 중의 한 명이라는 점에 대해 확신을 가졌다. 나는 이 글에서 나에게 현전하는 '그 무엇'과 확신에 대해 스스로 해명해 보고자 한다. 그래서 이 글은 문인수 시인에 대한 작가론이거나 평론이 아니라 나의 감상에 가깝다.

 문인수 시인, 시(詩)아니고는 아무 것도 아닌… 이라고 나는 적었다. 이것이 한 시인에 대한 찬사가 될 수 있을지 의아해할 수 있겠지만, 적어도 시를 쓰고 있는 나에게는 최대의 찬사이고 지독한 질투이기도 하다.

 2.기억들

 나는 1991년 대구의 〈오늘의 시〉 동인(박진형·손진은·송재학·엄원태·장옥관·정상섭·정화진·조기현) 제6집 『앞날은 이미 더러워졌다』에서부터 〈오늘의 시〉 동인으로 참여했다. 그 6집에, 어떤 연유에서 인지는 기억나지 않지만, '문인수 특집' 편에 그의 시집 『세상 모든 길은 집으로 간다』(문학아카데미)에 대한 평 「컴컴한 길의 유혹」이란 글을 썼다.(이 글을 쓰기 위해 30여년 만에 책장 구석에 처박혀 있던 동인지를 찾아냈다. 세월이 만져졌다. 그 때 읽었던 시집 『세상 모든 길은 집으로 간다』도 펼쳐 보았다. 시집 곳곳에 메모하고 줄그은 흔적들이 살아있었다.) 이 동인지 특집에서 문인수 시인은 1990년 6월에 썼다고 밝힌 「작가(作家)일기」를 실었다.(이 때는 그가 영남일보 교열부 기자로 일할 때일 것이다.)

  … 내게는 나를 가두고 괴롭히는 괴물이 있다. 놈의 덩치는 너무나 거대해서 늘 막막하기만 하다. 때로는 또 뒤주 속

같이 협소하고 답답하다. 놈은 일정한 형체가 없다. 그저 캄캄한, 끈적끈적한 어둠에의 감촉이다. 벽이다. 칭칭 감겨드는 밧줄이다 … 놈은 항상 웅크리고 앉아 있다. 심심하다. 그래서 놈은 허구 헌 날 나를 찾는다. 제 아가리 속에다가 나를 집어넣고는 우물거린다. 긴긴 장마처럼 웅얼거린다. … 내게는 나를 가두고 괴롭히는 괴물이 있다. 놈의 근본은 추악한 과거요 잘못 든 길이다. 욕망이다. 놈의 현실은 회한이요 도피요 절망이다. 자기 학대다. 사면초가다. 우유부단이다. 놈의 미래는 단지 어느 날의 사망이다. 놈의 이름은 열등감이다. 죄책감이다. 자기비하 자기기만 자기혐오다. 무기력이다. 배신감이다. 놈을 뭉뚱거리면 한 덩어리의 너절한 「폭력」이다. 이것이 놈의 「전모」다. … 나는 고통을 피해 달아난다. 달아나 닿는 곳은 늘 고행이요 유년이요 아버지요 어머니다. 「어머니」로 통합되는 그곳은 적어도 「폭력」이 아니다. 그 어머니를 떠올리면 나는 끓어오르듯 북받친다. 그리고 순해진다. 그곳은 항상 내 모든 것을 고스란히 안아 들인다.[3]

그의 생활과 절망과 슬픔과 기쁨의 근원을 짐작해볼 수 있는 표현이다. 그리고 동시에 시를 쓰는 시인의 내면을 현상학적으로 보여주고 있다. 여기서의 '괴물'은 그의 시를 지탱한 역량(potentia)이 아닐까 생각한다.

---

[3] 〈오늘의 시〉동인 제6집. 『앞날은 이미 더러워졌다』. 하락도서. 1991

이러한 그의 모습을 객관적(?)으로 사진과 함께 읽고 엿볼 수 있었던 것은 1990년을 한참 지난 2008년, 인터넷 신문 〈오마이뉴스〉의 시민 기자였던 그의 아들의 기사를 통해서이다.

> … 아버지는 결혼생활 34년 중 절반은 직업이 있으셨고 절반은 직업이 없으셨습니다. 그러다 보니 아버지는 자연 집에 있는 시간이 많았습니다. 제게 익숙한 모습도 안방 '방바닥' 위에 계시는 아버지였습니다.
>
> 아버지는 방바닥에서 때로는 벽에 베개를 댄 후 등을 기대고 몸의 절반은 방바닥에 뉘인 채 뭔가를 골똘히 생각하십니다. 때로는 리모컨으로 채널을 이리저리 돌려가며 TV를 보기도 하십니다. 때로는 서늘한 기운이 살짝 들 것 같은 낮잠을 주무십니다.
>
> 또 때로는 '혹시 등이 굽지는 않을까' 하는 걱정이 될 만큼 하루 종일 엎드려 뭔가를 열심히 쓰십니다. 그러고 보니 제가 10살 때 아버지가 어린 저를 부둥켜안고 '직업'이 '시인'인 당신의 삶을 한탄하며 슬쩍 눈물 흘리신 곳도 방바닥 위였습니다. … [4]

---

4) 문동섭,「"아부지! 와 여기 계십니까?"-평생 '방바닥'에 엎드려 '시'를 써 오신 아버지」, 오마이뉴스, 2008.5.24. 기사
이런 시인의 모습이 고스란히 담긴 시가 있다. "배 접고 엎드린 갈색/전화기, 섬 같다.//창밖 흰구름, 뜰의 나뭇가지, 나무 흔드는 바람, 골목 행상의 스피커 소리, 나뒹구는 책들…/맛없다, 전부 못 먹겠다.//너를 먹는 공복이다."(「창밖 흰구름」 전문,『그립다는 말의 긴 팔』)

그의 글과 생활을 통해 그의 절망과 자괴감이 (초월이라는 의미로서 보다는 회피와 도피라는 의미에서) 어머니에게로 향하고 있다는 것을 우리는 읽을 수 있었다. 그래서 그의 두 번째 시집 제목도 『세상 모든 길은 집으로 간다』 (두 번째 시집임에도 그는 "이 시집을 실질적인 첫 시집으로 삼고 싶다."고 말했다고 한다.)가 아니었을까 싶다. 그래서 나는 나의 글 마지막에 이렇게 썼었다.

> 우리는 그가 집으로 돌아가지 않기를 바란다. 그 집은 너무 적막하고 어둡게 읽혀진다. 아니 너무 따뜻하게 읽혀진다. 우리는 그가 계속 〈세상 모든 길에 서〉있기를 바란다.

그러나 지금 이 글을 쓰기 위해 그의 시집 전체를 통독하면서, 나는 나의 우려가 헛된 것이었음을 다신 한 번 확인했다. 그는 살아있는 동안 언제나 세상의 모든 '길' 위에 서 있었다. 구경꾼처럼 이곳저곳을 돌아다니면서 보고, 남의 이야기를 들으면서 그것을 시로 풀어낸다. 어떤 의미에서 그는 리얼리즘(사실주의) 시인이었다고 나는 생각한다. 그는 언제나 자기 바깥에 있는 사물과, 당대라는 시간과, 그 사태 위에 있었다. 그는 결코 자신의 이야기를 웅변하지 않았다. 그가 가진 시의 힘은 바로 이 사물들로부터 시작된다. 그는 결코 자신의 신념을 털어놓는 법이 없다. 그는 그저 듣고, 보고, 만지고, 그것들을 사물들을 통해 재현해 낸다. 자신의 감정을 주체로부터 말하는 근대의 시학이 아니라 자신은 뒤로 숨으면서 세계를 재현해낸다는 점에서 그는 어쩌면 고전주의자에 가깝다. (이 작업은 뒤로 미루자.)

나는 지금 그가 그 길 위에서 무엇을 보았고, 무엇을 이야기하고 싶어 했는지 분석하지는 않을 것이다. 다만 그의 시적 성취가 어쩌면 우리가 생각한 것 이상이라는 것을. 그리고 그 스스로가 자신을 평가했던 것, 그 이상이었을 수도 있다는 것을 보여주고자 한다.

3-1. 공기/바람의 상상력

바슐라르는 『공기와 꿈』에서 이렇게 말했다.

> 공간은 질료로부터 막 추방되려는 상태에 있는 혹은 영원히 추방된 산재한 영혼들로 이루어져 있다. 그것이 보여주는 다양한 운동이 나뭇가지이며 돛폭이며 구름들을 불러일으킨다. … 바람 속에는 누군가 있다.
> ―바슐라르.『공기와 꿈』. 이학사. 2000. 409쪽
> (생 폴 루 라는 시인의 시 인용)

그렇다. 자연이라는 공간은 무(無)라는 바람을 통해, 운동하는 존재자들의 연쇄를 불러일으키고 그럼으로써 존재를 드러내 보여준다. 바람 속에 '그 무엇'이 있다. 문인수의 다음 시는 '그 무엇'을 보여주는 매우 아름다운 시이다.

어둠을 쪼아 먹고 살찌는 별들, 그렇게 깨어난 새떼의 자자한 아침이다. 어떤 나무를 탱크 모양으로 코끼리 모양으로 시퍼렇게 뒤덮은 칡넝쿨 또한 세월이 올라탄 이름이다. 이제 막 엄청 큰 대가리로 움튼 콩 싹에도, 눈도 못 뜬 강아지한테도 낑낑, 낑낑대며 견디는 무게, 새까맣게 빠져나온 그림자가 있다. 세월이 올라탄 것이다. 그림자가 안 삐져나오는 사랑과 증오도, 기쁨과 슬픔도 물론, 저 오랜 빈집이 겪는 세월 아래 있다. 떨어져 누운 새, 꽃잎에도 끝끝내 세월이 올라타고 있어서, 그리하여 모든 이름은 사라진다. 그러나 사라진 이름의 구근을 어디다 어찌 심어뒀던 것인지 당신의 눈앞엔, 뇌리엔 또다시 사라질 모든 이름으로 빽빽하다.

내리누르는 힘은 바쁘다. 내리누르는 힘, 식성은 연속, 아직 사라지지 않은 모든 이름 위에 있다. 말 탄 세월은 그러나, 그러니까 사실 털끝 하나 건드리지 않고 저 모든 이름을 내리누르는 중이다. 중력, 그것은 그 무엇보다 무거워 무게가 없는 것, 그래, 당신의 눈시울이며 볼이며 목덜미며 뱃가죽이, 말투며 기억력이 그래서 하는 수 없이 더 처지는 것이다. 지금은 비애가, 그 쭈글쭈글한 성욕이 너풀거린 활엽의 황홀을 뒤덮고 있다. 먹어라, 저 세월. 어떤 나무를 시퍼렇게 뒤덮은 칡넝쿨 속으로, 그걸 또 붉게 뒤덮는 저녁노을 속으로 누가 또 한바탕 새떼를 쏟아 붓는다. 그럴 때, 제때 어둠이 오고, 그 어둠 위에 별들의 뾰족뾰족한 부리가 또 총총총총 올라타는 것이다. 오, 여명이 녹여 먹는, 여위는 별들…

―「중력」 전문.『나는 지금 이곳이 아니다』

별들이 새 떼가 되는 이른 아침에서부터, 세월이라는 중력이 올라탄 낮 시간, 새떼들이 다시 별이 되는 어둠의 시간, 그리고 또 다른 시간의 여명에 그 별들이 녹아 여위는 새벽까지의 원환(圓環)이 이 시에 그려져 있다. 나무를 뒤덮은 칡넝쿨, 콩 싹, 어린 강아지, 빈집 그리고 존재자가 아닌 우리의 사랑과 증오, 기쁨과 슬픔에도 시간의 무게가 얹힌다. 사실 그 존재자들은 이미 사라지고 '추방되고' 잊혀졌었지만 바람의 시간은 다시 그것들을 일깨운다. 그러나 무게를 가진 모든 것들이 당기고 내리누르는 중력의 영향을 받는 것은 어쩔 도리가 없다. 그것은 실존의 비애이다. 하지만 저녁노을 속으로 새떼들이 날아오르는 황홀이기도 하다. 왜 황홀이냐 하면 그 새떼들은 다시 부리가 뾰족한 별들이 되기도 하고 여명에 녹아내리는 달콤함이기도 하기 때문이다. 시는 우리의 운명을 순환적으로 아름답게 보여주고 있다.

어떤 의미에서 문인수의 많은 시들은 공기/바람의 상상력 속에 있다. 가령 문인수의 시에는 많은 바람들이 있다. 그 바람들은 무엇을 보여주고 있는 것일까? 다음의 시들을 보자.

> 바람이 잔다. 아, 결국
> 기댈 데란 허공뿐이다.
> —「거처」전문.『그립다는 말의 긴 팔』

제 몸 일으켜 떠나는 이별을 믿는지.

대숲에, 대숲에,
또 시퍼렇게 쓸어안으며 울부짖으며 무너지는 바람…

나, 못 간다.
―「바람, 못 간다」 전문.『그립다는 말의 긴 팔』

　바람은 대지의 호흡이다. 바람은 우리를 대지의 생명으로 밀어 올린다. 비어있는 허공을 가득히 채우면서 우리가 허공과 허무 속으로 떨어지는 것을 나무 이파리와 꽃들의 떨림, 새들의 노래 소리로 받아준다. 때로 바람은 햇빛과 별빛을 부드럽게 흔들면서 우리의 이마를 물빛으로 반짝이게 한다. 바람이 없다면 모든 사물들은 정지한다. 정지한 사물들은 '우리'의 대상이 아니라 오직 대상 그 자체일 뿐이고 그 대상과의 거리는 죽음의 거리만큼 멀다. 그러므로 바람은 존재하는 것에 대한 존재하지 않음의 찬사이다.
　또한 바람은 공간 속에 자리 잡고 있지만 그 공간에 그리고 우리에게 시간을 부여한다. 바람은 기억처럼 뒤엉킨 시간으로 우리에게 불어온다. '꽃을 보러 오는' 바람과 서정주 시인의 '꽃을 만나고 가는' 바람처럼 뒤엉킨 시간들은 우리의 기억 틈틈에 베어들어 삶의 아픔들이 우리를 침묵하게 하는 동안 낮은 휘파람 소리로 불어온다. 그리하여 바람은 공간의 시간적 변용이 된다.
　그런데, 그 바람이 '잔다.' 존재와 비존재가 쩍 갈라지듯이 모든 사물들이 이원적으로 나누어지면서 삶이 천 길 낭떠러지 앞에 서 있다. 원초적으로 불안정한 우리를 겨우겨우 지탱해주던 바람이라는 공간과 시간이 사라지면서 우리는 어디에도 기댈 곳이 없다. 왜 바람은 자는가? 왜 대지의 호흡은 멈추었는가? 아마도 우리는 이미 그 답을 알고 있고 우리의 미래가 어떠하리라는 것을 알고 있다. 우리는 그것을 운명이라 부른다.

좀 더 솔직하게 말하자. 바람은 존재하는 것에 대한 부재의 찬사이지만 그 찬사는 너무나 미약하여 우리는 언제나 우리의 존재를 신뢰할 수 없다. 차라리 우리는 죽음, 그 부재에 대한 두려움과 그 부재에 대한 동경을 동시에 갖고 있다. 바람은 대나무 숲을 '시퍼렇게 쓸어안으며 울부짖으며 무너'진다. 고통스럽지만 우리는 그것의 아름다움에 매혹된다. 죽음은 매혹이다. 우리는 그리고 시인은 자연이 아니라 차라리 죽음에 매혹된 자들이다. 우리가 우리의 운명을 벗어날 수가 없다면 시인은 차라리 그 운명과 함께 부서져 버리기를 원한다.

그러나 스스로 '제 몸 일으켜 떠나는 이별'은 비극이 아니라 비극적이다. 비극이 아니라 비극적인 이유는 우리가 '그 것'을 바라보기 때문이다. 시와 함께 폭발해 사라져버리는 것은 오직 비극일 뿐이다. 시인은 그리고 독자들은 비극적인 자신의 시-삶을 바라보면서 '기댈 데란 허공뿐'이지만 스스로 바람이 되고자 하고 부재를 거슬러 오는 바람이 되고자 한다. 시가 결코 장식품이 아니라면, 우리는 이것을 바람의 저항이라고 불러도 좋겠다. 바람은 '나, 못 간다.'는 의지이다.

하지만 바로 이 의지가 우리의 그늘이다. 그것을 시에 있어서의 '죽음과 의지(저항)'라는 이율배반으로 불러도 좋겠다. 시의 죽음 의지는 시가 가능할 수 있는 의지와 저항을 초과하여 넘어서 버리고, 시적 저항은 아직 시적 죽음의 깊이에 미달한다. 마치 현실에서 죽음을 불사한 투쟁이 정치의 가능 영역을 초과해 불타 버리고, 투쟁이 강렬할수록 정치가 죽음-초월이 사라진 정치 기능에 사로잡혀 버리는 것처럼. 그렇다면 시는 어디까지 갈 수 있고, 시는 어디쯤에서 멈추어 서 있어야 할 것인가?

3-2. 시, 사라져버린 신(神)의 흔적

이것에 대한 대답으로 하이데거를 인용하는 것은 과도할 수도 있겠다. 그러나 그럼에도 시인들에게 하이데거의 말은 매혹적이다.

"신은 먼저 인간에 의해 자신이 체류할 곳이 마련되어 있지 않다면, 그가 되돌아올 때 어디를 향해 와야 하는가? 만약 신성의 빛이 존재하는 모든 것 안에서 먼저 빛나기 시작하지 않는다면, 그때마다 신에게는 자신에게 합당한 체류지가 어떻게 있을 수 있겠는가?"[1]

문인수 시인은 강아지풀에서 신(神) 혹은 신성(神性)의 빛을 발견한다. 아니 하이데거식으로 말하자면 강아지풀에 신이 거주할 집을 마련한다.

---

1) 하이데거, 「무엇을 위한 시인인가?」, 『숲길』.

하늘이 잠시도 눈 떼지 못한다

강아지풀 하나가 왜 하필

이 거친 돌담장 위에 올라서서 하늘을 쓰고 있나

미루나무 큰 키가, 방울음산 꼭대기가 그러하듯이

상모 돌리듯 상모 돌리듯

제게 꼭 맞는 모자인 양 하늘을 쓰고 있다

가느다란 모가지며 정강이로 추는 춤

폭우와 암흑의 나날이 상세하다

바람에서 뽑은 섬유질 같은 것

세필로 적는 일대(一代)가 새파랗게 질기다

파란만장의 강아지풀 하나가 잠시

가만히 귀 기울이다가 다시 즐겁게

즐겁게 하늘을 쓰고 있다.

─「중심을 잡다」전문

   강아지풀이 하늘을 모자처럼 쓰고 가느다란 목과 다리로 춤을 추고 (바람에 흔들리고) 있다. 모든 존재자들이 그러하듯 강아지풀도 폭우와 암흑을 견뎠다. 하찮고 엉뚱한 이 강아지풀은 바람에서 연유했고, 인간들이 그러하듯 많은 삶의 사연들을 가지고 있을 것이다. 그런데 이 강아지풀이 문득 시인을 향해 귀 기울인다. 내 바깥의 한 존재자가 나에게 다가오는 순간이고, 신(神)이 머무를 공간이 열리는 시간이다. 시인이 즐겁게 빛나는 순간인 것이다.

그 순간이 다음의 시처럼 공감각적으로 절창으로 폭발하기도 한다.

> 지리산 앉고
> 섬진강은 참 긴 소리다
>
> 저녁노을 시뻘건 것 물에 씻고 나서
>
> 저 달, 소리북 하나 또 중천 높이 걸린다
> 산이 무겁게, 발원의 사내가 다시 어둑어둑
> 고쳐 눌러 앉는다
>
> 이 미친 향기의 북채는 어디 숨어 춤추나
>
> 매화 폭발 자욱한 그 아래를 봐라
>
> 뚝, 뚝, 뚝, 듣는 동백의 대가리들,
> 선혈의 천둥
> 난타가 지나간다.
> ─「채와 북 사이, 동백 진다」 전문. 『동강의 높은 새』

이 시는 시각, 청각, 후각이 공감각적으로 울리는 시다. 섬진강이 흐르는 지리산 그 위로 둥근 달이 떴다. 커다란 달은 북처럼 둥글고 저 아래 섬진강은 노래 자락처럼 흐른다. 그런데 노래에 맞춰 북이 울려보고 싶은데, 발원한 사내의 손에는 북을 두들길 북채가 없다. 이때 사내의 간절함에 감응하듯 매화꽃이 폭발적으로 만개하면서 그 매화 향이 보이지 않는 북채가 되어 둥근 달을 두들기기 시작한다. 가슴을 울리는 소리와 같다. 그 소리에 맞춰 동백꽃들이 허공에 꽃 채 떨어져 내리면서 난타의 다른 여러 북들처럼 봄밤을 울리기 시작한다. 폭발하는 '천둥'의 매화와 대가리 채 떨어지는 '선혈'의 동백꽃은 비극적이지만, 비극적이어서 더 아름다운 그곳에서 신(神)은 거주하는 것이다.

4. 마무리-문인수, 시(詩)아니고는 아무 것도 아닌

문인수 시인은 시에서 「자화상」이라는 제목으로 이렇게 말한 적이 있다. "나는 저 한 덩이 구름, 뭔 짓이 참 뭉게뭉게 저리 많다. 아 그러나 결국 맑게 갠 하늘, 나는 말짱 할 말 없는 것이다."(「자화상」 전문)

문인수라는 구름은 이제 사라지고, 하늘은 다시 원래 그가 없었던 것처럼 맑다. 그는 이제 입을 다물었다. 그러나 이 무(無)의 공간은 부정의 공간이 아니라 새로운 생성의 공간이어서 우리는 문인수의 시로부터 다시 새로운 시적 공간들을 만들어내어야 한다. 그의 시는 분명 한국 시문학사에서 중요한 한 부분을 차지하게 될 것이고, 뒷사람들의 일은 그의 일들을 뛰어넘는 것이어야 할 것이다.

앞서 문인수 시인을 '시 아니고는 아무것도 아닌'이라고 했다. 그는 이념이나 주장을 시의 밑장에 깔아놓지 않는다. 과거 그와 가까운 시인들이 그를 앞에 두고 '책도 안 읽고, 무식한' 시인이라고 농담하는 것을 들은 적이 있다. 이 글을 쓰기 위해 그의 모든 시집들을 통독하면서 나는 그 '무식'이 그의 시의 힘이 아니었나 이제 생각하게 된다. 그는 책을 읽지 않고, 심지어 자기 자신도 (시에서) 읽지 않았다. 다만 세상을 읽고, 사물을 읽고(이것이 가장 중요하다), 아픔을 읽었다. 그는 그저 시인이었고, 시인으로 갔다. (이것이 내가 앞서 그에 대해 느끼는 질투의 이유이다.)

나는 시인에게 시가 남지 않고 그의 이름만 남는다면 그것은 시인에 대한 모욕이라고 생각한다. 그의 이름을 기억하는 것만이 아니라 많은 사람들이 그의 시를 읽고 그가 가 닿은 사물과 세상으로 함께 다다르는 것이야 말로 시인에 대한 최고의 찬사라고 생각한다. "의지는 상상하고, 상상력은 명령"(바슐라르. 『공기와 꿈』)하기 때문이다. 그렇기 때문에 다시 시는 존재하고 또 그 어떤 시인들은 나타나는 것이다.

(해서, 선생님 그동안 수고하셨습니다. 부디, "굿모닝!" 하시길)

붉게 반짝이는 카이로스의 시간을 위하여

1. 시인의 시간

   가브리엘 페리

   엘뤼아르(1895-1952)

   자기를 지키는 수단으로는
   생을 향해 벌린 두 팔밖에 없었던
   한 사람이 세상을 떠났습니다.
   폭력을 증오하는 길밖에 다른 길을 몰랐던
   한 사람이 세상을 떠났습니다.
   죽음에 대하여 망각에 대하여
   끊임없이 투쟁하던
   한 사람이 세상을 떠났습니다.
   왜냐하면 그가 원한 모든 것

   눈 속 깊이 마음속 깊이

행복은 빛이 되고

정의가 땅 위에 실현되는 것

그것을 우리도 원했고

아직도 원하고 있기 때문입니다.

우리를 살게 만드는 여러 말들이 있습니다.

그것은 순수한 말들입니다.

열정이라는 말, 믿음과

사랑과 정의라는 말, 자유라는 말

어린이라는 말, 귀여움이라는 말

그리고 몇 개의 꽃 이름과 몇 개의 과일 이름.

용기라는 말 들춰낸다는 말

형제라는 말, 동지라는 말

그리고 몇 개의 나라 이름과 마을 이름

몇 사람의 여자 이름과 친구들의 이름

그 이름 위에 이제 페리의 이름을 덧붙입시다.

페리는 우리를 살게 하는 그 모든 것을 위해 세상을 떠났기 때문입니다.

이제 그의 이름을 친구처럼 부릅시다.

그의 가슴이 총탄에 뚫렸지만 그의 덕분으로 우리는 서로 잘 알게 되었기 때문입니다.

이제 그의 이름을 친구처럼 부릅시다.

그의 희망은 살아 있습니다.

오생근 역

프랑스 정치인이자 언론가인 레지스탕스 가브리엘 페리가 1941년 독일군에 의해 총살당했는 사실 자체는 지금 중요하지 않다. 그의 이름이 붙은 이 시는 여전히 지금 여기에서 나를 울게 한다. 가브리엘 페리는 고유 명사가 아니라 일반 명사이다. 많은 페리들이 여기 있고, 여기에 있었다.

'세상을 바꾸기 위해 인생을 바꾸어야 한다'는 랭보의 테제와 '세계를 해석하는 것이 아니라 변혁해야 한다'는 마르크스의 테제를 결합하고자 한 초현실주의자 엘뤼아르의 시간은 어디를 어떻게 관통하고 있는 것일까? "세계를 이해하기 위해서 세계를 변혁하기 위해서 인간은/ 뭉쳐야 하고 희망하고 투쟁해야 할 필요가 있다"고 쓰는 공산당 당원인 엘뤼아르에게 시는 과연 화해로운 것일까?

시의 장소는 자기 위안도 아니고, 분노도 아니고, 슬픔도 아니고, 사상은 더더욱 아니다. 시인은 계급적으로 부르주아에 더 가깝다. 사람들은 시인에 대해 그리고 시에 대해 오해하고, 안타깝게도 시인들도 자기 스스로를 과도하게 오해한다. 물론 그럼에도 엘뤼아르가 동의하는 것처럼, 나는 랭보의 말에 동의한다. 시인은 떠도는, 거지같은, "보는 자(見者)"이다.

그러나 그 견자(見者)로서의 시인의 운명은 세 갈래로 갈라진다. "사람이란 서로의 말을 듣고/ 서로 이해하고 서로 사랑하도록 만들어졌으며/ 그 아이들은 자라서 아버지가 되는 법이고/ 불도 없고 집도 없는 아이들이라면/ 인간과 자연과 그들의 나라를 다시 건설하리니/ 모든 사람들의 나라/ 모든 시대의 나라를"(엘뤼아르.「죽음 사랑 인생」. 오생근 역) 꿈꾸는 엘뤼아르의 시간은, 양탄자처럼 쭉 펼쳐진 크로노스(chronos)의 시간이다.

그러나 이 이념은 그 자체로 보자면, 포스트 마르크스주의 철학자 발리바르의 용어로 '이론적 아나키즘'이다. '모든 사람들의 나라/ 모든 시대의 나라'는 우리가 추구해야 할 이념이지만 그것이 언젠가 우리 발 앞에 떨어질 것이라고 믿거나 설교하는 것은 천년 왕국설의 재탕이고 정치의 부재를 드러내는 것이다.

물론 엘뤼아르는 한 산문에서 "예술가가 창조에의 욕망을 느끼게 되는 것은 정확히 말하여 그를 에워싸고 있는 모든 것과의 일상적인 불일치로부터"라고 말한다. 시인은 불화를 일으키는 자이고, 편안함을 불편해하는 자이고, 완결성을 깨트리는 자라는 것이다. 그것의 시간은 카이로스(kairos)의 시간, 주름 잡혀지고 응축되어지고, 갑자기 펼쳐지는 시간이다.

시의 힘 … 엘뤼아르가 "이제 그의 이름을 친구처럼 부릅시다./ 그의 희망은 살아 있습니다.'라고 할 때의 그 희망은 고통스럽다. 왜냐하면 그 희망은 약속되어진 것이 아니기 때문이다. 그러나 그럼에도 그 고통이 시인의 긍지이고 시의 힘이 아니겠는가?

2. 진보의 시간이라는 허구

나의 칼 나의 피

김남주(1946-1994)

만인의 머리 위에서 빛나는 별과도 같은 것
만인의 입으로 들어오는 공기와도 같은 것
누구의 것도 아니면서
만인의 만인의 만인의 가슴 위에 내리는
눈과도 햇살과도 같은 것
토지여
나는 심는다 살찐 그대 가슴 위에 언덕 위에
골짜기의 평화 능선 위에 나는 심는다
평등의 나무를
그러나 누가 키우랴 이 나무를
이 나무를 누가 와서 지켜주랴
신이 와서 신의 입김으로 키우랴
바람이 와서 키워주랴
누가 지키랴, 왕이 와서 왕의 군대가 와서 지켜주랴
부자가 와서 부자가 만들어놓은 법이
법관이 와서 지켜주랴
천만에! 나는 놓는다
토지여, 토지 위에 사는 농부여

나는 놓는다 그대가 밟고 가는 모든 길 위에 나는 놓는다

바위로 험한 산길 위에

파도로 험한 뱃길 위에

고개 넘어 평지길 황톳길 위에

사래 긴 밭의 이랑 위에

가르마 같은 논둑길 위에 나는 놓는다

나 또한 놓는다 그대가 만지는 모든 사물 위에

매일처럼 오르는 그대 밥상 위에

모래 위에 미끄러지는 입술 그대 입맞춤 위에

물결처럼 포개지는 그대 잠자리 위에

투석기의 돌 옛사랑의 무기 위에

파헤쳐 그대 가슴 위에 심장 위에 나는 놓는다

나의 칼 나의 피를

오, 평등이여 평등의 나무여

―『나의 칼 나의 피』실천 문학사. 1987

 아주 오래 전 내가 쓴 글을 우연히 발견했다. "다시 노동자들이 철탑 위에서 깃발처럼 나부끼고 있다. 비가 오고, 노래방에서 캔맥주 마시며 '노래를 찾는 사람들'의 「그날이 오면」을 누군가가 부른다. 그런데 '빛나는 얼굴의 내 형제'는 누굴까? 아는 사람 누구 없나?"

 김남주의『나의 칼 나의 피』를 읽던, 혁명을 이야기하던 시절이 있었다. 술집에서 서로 의견이 다르면 죽일 듯이 눈에 불을 켜

고 자신의 (혁명의) 길이 더 올바르다고 주장하던 그 시절.우리는 과연 그 때 무엇을 이야기하고 있었을까?

「학살」이라는 시를 칼날 같은 목소리로 읽던 김남주의 목소리는 지금도 내 귀에 그대로 울리는 것 같다. 그러나 김남주는 언제나 시의 바깥이었고, 내가 갈 수 있는 시적 거리의 한계 바깥이었다. 그에게 시는 그것이 혁명에 봉사할 때에만 의미가 있는 것처럼 보였다. 그러나 지금, 어떠한 '김남주'도 없는 지금 그의 시를 다시 읽으며 나는 다른 (아니 어쩌면 과거의 내가 바로 보지 못했던) 김남주를 본다. 진태원 교수의 말처럼 "김남주에게 혁명이나 해방은 승산이 없는 싸움, 늘 패배와 죽음을 각오해야 하는 싸움이다. 김남주는 혁명과 해방의 구체적인 상을 제시하지도 않을뿐더러, 혁명에 대한, 혁명 이후의 세상에 대한 낙관적 전망도 제시하지도 않는다. … 혁명과 해방의 싸움은 늘 죽음의 이미지와 겹쳐진다."(진태원.「김남주 이후」.『을의 민주주의』. 그린비.2017) 칼에서 흐르는 피는 '적'의 피가 아니라 '나'의 피다. 어찌하여 나의 피인가?

어쩌면 지금의 시대는 김남주를 호명(呼名)하고, 김남주 이후를 고민해야하는 시대가 아닐까? '혁명의 상태'의 불가능성을 공유하면서, 체 게바라의 사진처럼 혁명을 상품화하고, 정치를 선거 민주주의로 치환하는 보수주의자들과 진보주의자들을 뛰어넘기 위해서. "오늘날 우리가 김남주 이후를 말할 수 있다면, 그 이유는 민중의 고통에 대한 시인의 깊은 분노와 일체감, 그리고 착취와 억압, 차별과 배제에 맞선 민중들의 기나긴 투쟁, 패배와 죽음을 감수하지 않으면 안 되는 그 투쟁에 기꺼이 동참하려는, 자신의 시를 그 투쟁의 무기로 삼으려는 시인의 태도에 있다."(진태원. 앞의 글)

그러므로 자본주의의 착취에 대해 아무런 이야기도 하지 않는 진보주의는 시의 영토가 아니다. 일찍이 발터 벤야민(1892-1940)은 진보주의를 비판했다. 그는「역사의 개념에 대하여」에서, 과거를 역사적으로 표현한다는 것은 그것이 '원래 어떠했는가'를 인식하는 일을 뜻하는 것이 아니라 현재의 위험의 순간에 섬광처럼 스치는 어떤 기억을 붙잡는다는 것을 뜻하는 것(테제 6)이라고 말한다. 그러나 '어떤 기억'은 순수한 기억이기만 한 것이 아니어서, 그 기억들은 지배자의 기억이기도 하다. 지금 지배하는 자들은 예전에 승리했던 자들의 후예들이고, 오늘에 이르기까지 늘 승리를 거둔 그들은 오늘날 바닥에 누워 있는 자들을 짓밟고 가는 지배자들의 개선 행렬에 함께한 동참자들이다. 개선 행렬은 황금의 전리품을 끌고 오고 그것을 문화재라 칭하지만, 그 문화재들은 하나같이 전율하지 않고서는 생각할 수 없는 곳에서 온 것들이다. 벤야민은 그 전리품에서 지배자의 기억이 아니라 무명이었던 동시대인들의 노역을 기억해야 한다고 말한다.(테제7)

그의 역사 기획은 '진보' 개념에 대한 비판과 예외상태(Ausnahmezustand)의 도래에 대한 과제로 이어진다. 벤야민이 보기에 파시즘은 진보를 역사적 규범으로 내세운다. 이는 파시즘뿐만 아니라 사회민주주의도 마찬가지였는데, 그것은 현실에 근거를 두지 않는 교조적인 요구를 갖는 진보 개념이었다. 그가 보기에 사회민주주의자들의 머릿속에 그려진 진보는 우선 인류의 진보 자체였고, 둘째 종료시킬 수 없는 진보였고, 셋째 본질적으로 저지할 수 없는 진보였다. 그러나 역사에서의 인류의 진보라는 생각은 역사가 균질하고 공허한 시간을 관통하여 진행해나간다는 생각에 다름 아니라고 그는 비판한다.(테제13)

벤야민이 기획하는 것은 지금껏 억압받는 자들이 살고 있는 이 역사적 '예외상태'를 현실적이고 보편적인 예외상태로 도래시키는 일이며,(테제8) 지금 이곳을 균질하고 공허한 시간이 아니라 지금시간(Jetztzeit)으로 충만된 시간(테제14)으로 바꾸는 것이다. 경과하는 시간이 아니라 그 속에서 시간이 멈춰서 정지해버린 현재라는 개념을 역사적 유물론자는 포기할 수 없다. 왜냐하면 그러한 현재 개념이야말로 그가 자기의 인격을 걸고 역사를 기술하는 현재를 정의하기 때문이다.(테제16) 멈춰버린 시간, 그 시간은 메시아의 시간이며 균질하게도, 공허하게도 경험되지 않는 시간의 단락들, 예외상태들, 숨겨진 품속의 그 미래에는 "메시아가 들어올 수 있는 작은 문"(부기B)이 열려 있다.

화가 파울 클레(1879-1940)의 그림인 「새로운 천사(Angelus Novus)」를 통해 그는 진보를 비판한다. "〔역사의〕천사는 머물고 싶어 하고 죽은 자들을 불러일으키고 또 산산이 부서진 것을 모아서 다시 결합하고 싶어 한다. 그러나 천국에서 폭풍이 불어오고 있고 이 폭풍은 그의 날개를 꼼짝달싹 못하게 할 정도로 세차게 불어오기 때문에 천사는 날개를 접을 수도 없다. 이 폭풍은,

그가 등을 돌리고 있는 미래 쪽을 향하여 간단없이 그를 떠밀고 있으며, 반면 그의 앞에 쌓이는 잔해의 더미는 하늘까지 치솟고 있다. 우리가 진보(Fortschritt)라고 일컫는 것은 이러한 폭풍을 두고 하는 말이다."(테제9) 진보는 블록처럼 차곡차곡 쌓여지는 것이 아니라 그 돌풍 속에 도래는 것이라는 것이다.

3. 자본의 시간

촛불은 갇혀 있다

이산하(1960-)

(중략)
앞으로도 우리의 입은 여전히 진보를 외칠 것이고
발은 지폐가 깔린 안전한 길을 골라 걸을 것이다.
촛불의 열매를 챙긴 소수 민주주의적 엘리트들 역시
노동대중을 벌레처럼 털어내며 더욱 창대할 것이다.
대한민국은 여전히 민주공화국이 아니라 의회공화국이며
모든 권력도 국민이 아니라 자본과
소수 엘리트들로부터 나온다.
그러나 심지 없는 촛불이 아무리 타올라도
우리의 비정규직 민주주의는 여전할 것이고
세상도 기득권자들을 위해 적당하게만 바뀔 것이다.
그래서 난 촛불이 타오를수록 더욱 슬프다.

— 『악의 평범성』. 창비. 2021

광장을 뒤덮던 그 거대한 물결들이 지나고 난 뒤에도 우리의 삶은 달라지지 않았고, '달라졌다'고 믿어야 하는 강박이 주는 착시로 인해 '우리의 삶은 조금 더 나아졌다. … '고 믿는다. 어느 누군가가 정권을 잡으면 좋은 세상이 되거나, 지옥이 되거나 한다면서 사람들은 도박판의 구경꾼들처럼 웅성거리며 몰려다닌다. 그러는 사이 죽을 사람들은 죽어 나간다.

끼워 죽이다

황규관

2016년 5월, 서울지하철 2호선 구의역에서 절망한 사람들의 투신을 막기 위해 설치된 스크린도어를 고치던 김군이 출발하는 전동차와 스크린도어 사이에 끼어 죽었다. 새로운 시간을 꿈꾸던 사람들의 가슴이 헬륨풍선처럼 공중에서 뛰던 봄날이었다. (중략)

2017년 11월, 친구들이 연기된 수능시험 준비로 한창일 때 제주도 제주시 한 음료 공장에서 생수 제품 적재기의 벨트에 목이 끼어 열아홉 살 이민호군이 죽었다.(중략)

2018년 12월, 태안의 화력발전소에서 비정규직으로 일하던 김용균이 석탄을 나르는 컨베이어벨트를 확인하다 목이 끼어 죽었다. 김용균은 안전수칙을 어김없이 지켰지만 회사는 임금을 줄이기 위해 김용균을 혼자 어둠 속에 버려뒀다.
(중략)

    고장난 기계와 고장난 학력과

    고장난 법률과 고장난 국가와

    더 많은 이윤 사이에 끼워 죽이느라

    정치는 뜨거웠고 거리는 화려했다

    꿈이 병든 것도 몰랐다

    산목숨을 죽이지 않고는

    젓가락 한 짝 만들지 못하는 나라인데,

    … 동은 트고 장대비는 냇물이 된다

            —『이번 차는 그냥 보내자』. 문학동네. 2019

나도 슬픔으로 졸작 한편을 보탰다.

    황금이 들끓는 용광로에 당신의 어린양이
     -레퀴엠 2-6

                      노태맹

    보소서! 금속의 뜨거운 화염 속으로 한 아이가 떨어졌나이다. 황금이 들끓는 용광로라 한들 무엇이 달라졌겠나이까? 꿈은 때때로 검은 재가 되기도 한다 한들 그것이 푸른 나무에게 무슨 위로가 되겠나이까? 금속의 뜨거운 쇳물 속으로 한 아이가 떨어졌나이다. 기름 속에 떨어진 한 방울의 물이 튀어 오르는 순간처럼, 그가 보았을 마지막 풍경이 날카롭게 우리의 심장을 찌르나이다. 황금이 들끓는 용광로라 한들 누가 그를 황홀이라 이름 하겠나이까? 우리의 노래는 노래가 되지 못하고, 통곡은 입술에서부터 불타오르나이다.

그를 우리 앞에 현현(顯現)케 해 주소서.
완벽하게 사라진 죽음을 우리는 결코 알지 못하니
그를 우리의 이 노래로 이별케 해 주소서.

그를 우리 앞에 현현(顯現)케 해 주소서.
불의 몫이 아닌 물과 공기의 몫만이라도 와서
그와 우리의 이 물노래로 이별하게 해 주소서.

오, 황금으로 들끓는 불멸의 꿈이여,
살과 뼈조차 다 녹여버리는 노동 없는 노동이여,
온 세상이 신전(神殿)인 무릎 꿇린 노동자여,

보소서! 황금이 들끓는 용광로 앞에서 우리는 물의 기억도 없이 소멸하고 있나이다. 이곳이 마치 영원한 것처럼, 이 불이 마치 영원한 것처럼 그렇게 기다리고 있나이다. 금속의 뜨거운 쇳물 속으로 한 아이가 떨어지고, 우리의 노래는 곡조를 잃은 화염처럼 이리저리 펄럭이나이다. 보소서! 보소서!
―『이팝나무 가지마다 흰 새들이』. 한티재. 2021

    자본주의의 정치경제학 비판을 통과하지 않은 사회 비판은 공허한 것이다. "마르크스에 따면 우리는 자본주의를 자신이 활용하는 노동력과 동시에 그 생산 수단을 재생산함으로써 영속적으로 존재하는 하나의 사회 구조로 이해해서는 안된다. 자본주의는 자기 자신의 생명력[즉 노동력]을 길어 올림과 동시에 더 이상 이윤을 획득하는데 도움이 되지 않는 순간 바로 이 생명력을 쓰레기처럼 내다버리는 장소인 (생명이 살아 숨쉬는) 자연 환경에 기생하는 기생식물처럼 발전 한다."(자크 비데.『마르크스의 생명 정치학-푸코와 함께 마르크스를』. 오월의 봄. 2020)
    우리의 정치적 상상력이 선거에서 누구를 뽑을 것인가에 머무는 한 우리는 진정한 비판에 이르지 못한다. 자본이 장악한 국가는 정치 시스템뿐만 아니라 우리의 생명 자체에 까지 침투한다. "국가는 사회의 생물학적 조직 안으로 직접적으로 개입해 들어온다. 국가는 생명의 행위자가 된다. 하지만 국가는 생명에 대한 이러한 장악력을 가지게 되자마자, 또한 생명을 조작할 수 있는 능력도 지니게 된다. 이때부터 권력과 사회적 지배의 새로운 수단들이 끊임없이 등장한다. 그리고 이 수단들이 무엇으로 구성되어 있느냐는 문제, 국가이든 계급이든 어떠한 행위자들 사이에서 이러한 수단들이 어떻게 분배되느냐의 문제가 남게 된다."(비데. 앞의 책)

젊은 노동자들의 죽음 앞에서 우리는 어떤 시간들을 상상해야 하고, 무엇을 해야 할 것인가?

4. 카이로스(kairos)의 시간 속에서

겨울 빗방울이 마른 가지마다 방울방울 맺혀 있다. 비 그친 겨울나무는 반짝이고 있고 공기는 촉촉하고 달콤하다. 그러나 나를 공명시키는 것은 이 장면, 이 공간이 아니라 '그 어떤' 시간이다. 들뢰즈는 그것을 "순수 과거"라고 불렀다. 우연히 맛 본 마들렌 빵이 불러내는 과거의 맛, 현재와 과거 그 두 개의 맛을 공명시켜 우리를 행복하게 하는 '그 어떤' 선험적 시간. 그렇게 빗방울과 이 달콤하고 촉촉한 공기는 나를 알 수 없는 시간 앞에 세운다. 기억된 시간이 아니라 그저 내 앞에 와 있는 시간. 내가 호명하지 않았음에도 '그 어떤' 곳에서 달려와 내 현재의 공간에 카이로스로서의 시간의 격자를 치는 순수 기억.

앞서 벤야민은 '어떤 기억'은 순수한 기억이기만 한 것이 아니어서, 그 기억들은 지배자의 기억이기도 하다고 하였다. 그러나 시의 대상들은 관찰되거나 회상된 과거의 대상들이 아니다. 내가 마음속에 그리고 있는 물방울과 꽃들과 아름다운 연인에 대한 달콤한 설렘은 현재의 그들로 부터도, 과거의 그들로 부터도 오는 것이 아니다. 시는 크로노스로서의 시간의 심리학이 아니다. 차라리 현상학에 가까운 작업 같은 것이어서, 그것은 순수 기억을 직관하는 것이라 할 수 있을 것이다. 유물론자(물질주의자)

에게 순수 기억의 직관이라는 것이 어울리는 말일까? 자본의 착취라는 현실과 순수 기억의 직관은 어떻게 절합될수 있을까? 그러나 그것이 시의 임무가 아닐까?

직박구리 한 마리가 겨울 나뭇가지 한 쪽 끝을 꽉 붙들고 있다. 시간이 방울방울 위태롭게 매달려 있다. 그러나 시간은 무엇인가가 아니라 시간이란 누구인가라고 물어야 한다고 하이데거는 말했다. 무슨 뜻일까?

물방울 하나가 톡 떨어진다. 다시 겨울비가 청동 빛 메타세쿼이아 가로수 길을 적시고 있다. 길은 물안개로 풀리는 겨울 강처럼 낮은 소리를 내고, 한줌 가득한 시간은 늘 명치끝에서 부터 아파온다. 상상하는 것만으로 우리가 자유로울 수 있다고 말하는 것은 명백한 허위이다. 싸우지 않는 상상은 허깨비이다. 그러나 순수 시간의 공명하는 상상을 통해서만 (이길 수는 없을지 모르지만) 우리는 자본과 역사와 민족과 이데올로기와 죽음을 가로지를 수 있을 것이라고 나는 믿는다

벌거벗은 이미지로서의 시

이미지는 단순히 논리적인 대상도 실체적 존재도 아니다. 이미지는 '하나의 생명', 살아있는 무엇이다. 이는 스스로 인식 가능성을 매개하는 물체의 떨림이며, 인식을 허락하는 진동이다.… 이미지는 사물이 아니고 사물의 인식 가능성(사물의 벌거벗음)이다. 따라서 이미지는 사물을 표현하지도 의미하지도 않는다. 그럼에도 불구하고 이것이 사물을 인식하게 해주고, 사물을 덮고 있는 옷을 벗겨버리기 때문에 벌거벗음은 사물과 분리되지 않는다. 즉 그것은 사물 그 자체다.[1]

이미지(image)는 형상(形相) 혹은 원형(原形)에 대한(imaginalis) 영상(imago. 映像)이다. 이미지는 개념적으로 자신의 원형을 갖고, 원형을 갖지 않는 이미지는 이미지가 아니다. 그러나 이제 우리는 그 원형을 믿지 않는다. 그럼에도 실체적 존재도 아닌 이미지가 어떻게 하나의 생명으로 살아 움직일 수 있는가? 허

---

1) 아감벤. 『벌거벗음』. 인간사랑. 2014. 135쪽

구가 이미지를 생산해내는 것은 아닌가? 허구로부터 나온 것이 어떻게 사물의 인식 가능성이 되는가?

시인으로서 내가 만들어 낸/스스로 내게 뛰어든 이미지를 나는 이해하지 못한다. 나는 어떤 원형에 대한 기대도 가지고 있지 않았다. 그렇다면 나의 이미지는, 말장난이 아니라면 무엇일까? 아감벤의 말처럼 사물의 벌거벗김/벌거벗음 일까? 그러나 이것은 사물 그 자체가 아니라 사물의 현상학적 '자유 변경'을 통한 효과에 불과한 것은 아닐까?

되짚어 보자. 어떤 시들은 내게 많은 아름다운 이미지들을 준다. 심리학의 도움을 받지 않고, 플라톤을 인용하지 않고 그 감동을 설명할 수 있는 방법이 있을까? 생각해보면, 이미지들의 그 아름다움은 사물이 아니면서 사물들처럼 이미지가 나의 시각 뿐만 아니라 촉각과 후각과 미각을 자극하기 때문이다. 그 감각들이 일상의 감각적 경험의 반대 경로로 되먹임해서 사물들을 생산해 내는 것이다. 이미지들이 물질적인 이유다.

(좋은 것을 좋다고 말하면 되지 이렇게 어렵게 논증해야 하는가? 아름다운 이미지는 아름다운 이미지다.)

그러나 문제는 이미지의 분배다. 랑시에르의 말을 빌리자면 이미지에 대한 미학은 "감각이나 지각을 분배하는 하나의 정치적 체계"다. 하나의 정치적 체계가 이미지들을 생산하기도 하고, 거꾸로 이미지들의 체계가 어떤 정치를 생산하기도 한다. 하지만 과연 그것이 식별 가능하기는 할 것인가? 나는 나의 감각과 이미지들에 물음표를 달 수 밖에 없다.

그리하여, 게으른 시인은 술 먹는 일 밖에 없을 듯하다.

사철나무 그늘 아래 쉴 때는
장정일(1962-)

그랬으면 좋겠다 살다가 지친 사람들
가끔씩 사철나무 그늘 아래 쉴 때는
계절이 달아나지 않고 시간이 흐르지 않아
오랫동안 늙지 않고 배고픔과 실직 잠시라도 잊거나
그늘 아래 휴식한 만큼 아픈 일생이 아물어진다면
좋겠다 정말 그랬으면 좋겠다

굵직굵직한 나무등걸 아래 앉아 억만 시름 접어 날리고
결국 끊지 못했던 흡연의 사슬 끝내 떨칠 수 있을 때
그늘 아래 앉은 그것이 그대로 하나의 뿌리가 되어
나는 지층 가장 깊은 곳에 내려앉은 물맛을 보고
수액이 체관 타고 흐르는 그대로 하나의 뿌리가 되어
나뭇가지 흔드는 어깨짓으로 지친 새들의 날개와
부르튼 구름의 발바닥 쉬게 할 수 있다면

좋겠다 사철나무 그늘 아래 또 내가 앉아
아무것도 되지 못하고 내가 나밖에 될 수 없을 때
이제는 홀로 있음이 만물 자유케 하며

스물 두 살 앞에 쌓인 술병 먼 길 돌아서 가고
공장들과 공장들 숱한 대장간과 국경의 거미줄로부터
그대 걸어나와 서로의 팔목 야윈 슬픔 잡아 준다면
좋을 것이다 그제서야 조금씩 시간의 얼레도 풀어져
초록의 대지는 저녁 타는 그림으로 어둑하고
형제들은 출근에 가위 눌리지 않는 단잠의 베개 벨 것인데
한 켠에서 되게 낮잠 자 버린 사람들이 나즈막히 노래 불러
유행 지난 시편의 몇 구절을 기억하겠지

바빌론 강가에 앉아
사철나무 그늘을 생각하며 우리는
눈물 흘렸지요
―『햄버거에 대한 명상』민음사. 1987

  가장 장정일 답지 않은 시가 그의 첫 시집의 맨 처음에 올라가 있다. 아나키즘과 기독교 공산주의 경전 위에 사철나무의 그늘을 덮어놓은, 장정일 특유의 빛이 보이지 않는, 만들어진 시 같다. 도대체 키 낮은 사철나무 아래에서 어떻게 쉰단 말인가? (그가 이 첫 시집으로 김수영 문학상을 받았을 때, 당시 같이 막걸리 마시곤 하던 그를 나는 질투하고 있었을 것이 분명하다!)
  그러나, 그럼에도 이 시는 좋다. 지친 사람들이 사철나무(상록수라고 해 두자) 그늘 아래에서 공장과 국가의 거미줄로 부터 풀려나 서로의 팔목 야윈 슬픔을 위로해 주는 노을 붉은 하늘의 풍

경은 상상만으로도 아름답다. 시의 아나키즘적, 낭만적 경향은 시의 한계이기도하지만 시의 힘이기도 하다.

(오랜만에 이 시집을 펼쳐 보면서 그 동안 생각해보지 못했던, 내 첫 시집에 남겨진 그의 흔적을 느끼면서 조금 놀랐다. 막걸리 잔을 앞에 두고 그와 보냈던 격동의 20대와 술친구로 보낸 30대와 40대가, 그러나 돌아가고 싶지는 않은, 그 시절이 생각난다.)

그러나 지금, 많은 시간이 지난 뒤 생각해보니, 도대체 그 '사철나무 그늘' 이미지는, 이데올로기로서의 시가 생산해내는 이 '좋음'의 이미지는 어디에 쓰인단 말인가? 세상은 늘 이렇게 힘겹고 아픈데 말이다. 그때 우리는 어딘가에 포획되어 있었던 것은 아닐까? 그리고 다음의 이 시는 또 어떤가?

잎, 잎

신대철(1945-)

낮은 산도 깊어진다
비안개에 젖어 무수히 피어나는 속잎,
연하디 연한 저 빛깔 사이에 섞이려면
인간의 말의 인간을 버리고
지난 겨울 인간이 무엇을 받아들이지 않아야 했을까?
—『무인도를 위하여』문학과 지성사. 1977

처음 신대철의 시집『무인도를 위하여』를 읽었을 때의 그 서늘

하고 고요한 느낌을 아직도 기억한다. 주변의 많은 사람들에게 선물한 몇 안 되는 시집이었다. 시집이 나온 지 벌써 47년 가까이 지났고 이제는 문학사 속으로 들어갔다고 봐도 될 터이다. 문학사 속으로 들어갔다고 좋은 현대시가 좋지 않은 현재시가 되는 것은 아닐 것이다.

그러나 가끔 세월이 지난, 한때 우리가 열광했던 시들을 보면서 우리는 그 시간의 공백과 변화를 분명하게 느끼게 된다. 가령 서정주의 시를 보면서 나는 가끔 그 허술함과 과장 같은 것을 읽는다. 이것은 당대의 시 독해가 잘못되었기 보다는 그 시대와 현재 사이에 있는 많은 시인들이 그의 시로부터 많은 자양분을 흡수해 갔기 때문일 것이다.

신대철의 이 시와 이 시의 이미지 패턴은 지금 보면 많이 익숙하다. 그 어떤 궁극 혹은 궁극의 사물에 도달하기 위하여 우리의 얼마나 많은 비-인간적 순수를 받아들여야 하는가? 지금도 많은 시인들이 이러한 패턴을 시의 본령이라고 생각한다. 그러나 다시 읽는 이 시가 낡아 보이는 더 큰 이유는 주체 중심적 태도 때문이다. 인간과 인간의 말을 버린 그가 다시 무엇인가를 받아들이려 하고 연한 연두 빛에 섞이려 하지만 그것을 수행하는 주체는 다시 나라는 인간이다.

그럼에도 이 시가 아름다운 것은 그때나 지금이나 삶은 더럽혀져 있고 힘들기 때문일 것이다. 우리 모두 연한 저 빛 어디로 망명하고 싶은 것이다. 그러나 여기에서 멈춰서 버리고 저 빛이 흘러가도록 내버려 둔다면 나무는, 우리의 시간은 영원히 사라질 것이다. 중요한 것은 연한 저 빛을 '지금시간(Jetztzeit)'으로 포획하는 것이다.

    눈, 바다, 산다화(山茶花) 8.
                    김춘수(1922-2004)

    내 손바닥에 고인 바다,
    그때의 어리디어린 바다는 밤이었다.
    새끼 무수리가 처음의 깃을 치고 있었다.
    봄이 가고 여름이 오는 동안
    바다는 많이 자라서
    허리까지 가슴까지 내 살을 적시고
    내 살에 테 굵은 얼룩을 지우곤 하였다.
    바다에 젖은
    바다의 새하얀 모래톱을 달릴 때
    즐겁고도 슬픈 빛나는 노래를
    나는 혼자서만 부르고 있었다.
    여름이 다한 어느 날이던가 나는
    커다란 해바라기 한 송이
    다 자란 바다의 가장 살찐 곳에 떨어져
    점점점 바다를 덮는 것을 보았다.

                    -『처용단장』. 미학사. 1991

말년의 김춘수는 "그럭저럭 내 시에는 아무것도 다 없어지고/ 말의 날개짓만 남게 됐다./ 왠지 시원하고 왠지 서운하다." (「말의 날개짓」,『거울 속의 천사』2001)했다. 그 스스로 말했듯이 '사상과 역사를 믿지 않는' 그의 '무의미 시'는 '사물을 있는 그대로, 의미 이전의 원점에서 보려는 노력'으로서의 시다. 그의 기획은, 바디우가 설명하듯이, 헤겔의 근대 이 후 정치와 과학에 자리를 내준 철학의 자리를 대신하던 시의 시대의 이념에 이어져 있다. 시의 이념은 모든 앎에 구멍을 내고 앎을 말소시키는 것, 혹은 시는 말라르메의 이야기처럼 주체로서의 작가가 부재할 때 나타난다고 한 그 역사적 지점에서 출발한다.

여기서 김춘수의 시를 평가하는 것은 적절치 않다. 다만 그가 스스로 평가하듯이 그의 시는 말의 날개 짓으로만 남지 않았고 (혹은 더 큰 날개 짓으로 남았고) 그의 무의미의 궤적은 이제 의미의 궤적이 되어 있다.

우리가 시를 읽을 때 그 독해를 방해하는 가장 큰 이유는, 어떤 한 이미지가 무엇을 비유하는 것인가 묻기 때문이다. 모든 이미지가 그 무엇인가를 비유하는 것은 아니다. 손바닥-어린 바다-무수리 새-자라는 바다-새하얀 모래톱-달리는 나-해바라기-살찐 바다. 김춘수의 이 이미지들은 독해를 기다리는 것이 아니라 우리의 정서에 구멍을 내기 위해 기다리고 있는 것들이다. 그러나 이 이미지들은 어떤 정치적 배분을 약속받고 있을까?

어쨌든 나는 살찐 바다를 덮는 해바라기 한 송이에, 가장 취약했다!

술 노래

정현종(1939-)

물로 되어 있는 바다
물로 되어 있는 구름
물로 되어 있는 사랑
건너가는 젖은 목소리
건너오는 젖은 목소리

우리는 늘 안 보이는 것에 미쳐
병(病)을 따라가고 있었고
밤의 살을 만지며
물에 젖어 물에 젖어
물을 따라가고 있었고

눈에 불을 달고 떠돌게 하는
물의 향기(香氣)
불을 달고 흐르는
원수인 물의 향기여

　　　－시선집『달아 달아 밝은 달아』. 지식산업사. 1982

　이미지는 살아있다. 그리하여 꽃 핀 벚나무는 하루 종일 우우웅 소리를 내며 진동한다. 봄과 벌들이 공기를 흔들며 겨우내 흙이었던 벚나무의 눈을 뜨게 하고 있는 중이다. 꽃잎은 물과 공기의 얇고 부드러운 반죽. 나는 그 봄나무 아래 부드러운 공기에 휩싸여 물소리를 듣는다. 바슐라르의 표현처럼 물은 대지의 눈, 물은 대지의 시선. 그 시선들이 우리의 시간들을 바라보게 한다. 그리하여 바다도, 구름도, 사랑도 모두 물로 되어 있어 벚나무 아래 우리의 대화도 젖어있다.

그러나 물은 어디로 떠나가는 시선. 보이지 않는 곳을 찾아가는 시선의 시선. 물이 물에 젖듯이 사랑을 찾아서, 또 다른 사랑의 살을 찾아서 우리는 떠난다. 또한 시인의 운명으로 태어난 사람에게 물은 축복이자 형벌. 시인은 스미는 물의 영혼이면서 동시에 상승하는 불의 영혼인 까닭이다.

그런데 자연은 우리에게 시인과 어울리는 불의 날개를 가진 물의 영혼을 주었다. 알코올-술이 그것. 디오니소스에게, 시인에게, 술이 없다면 시인은 날지 못할 것이고 물의 향기도 맡지 못할 것이다.

그렇지만 원수인 술! 향기만 남긴 채 물은 증발해 버리고 불만 남아 시인을 태워버리는 원수인 술. 그래도…, 봄 밤 벚꽃 아래에서 오늘은 시인처럼, 물과 불인, 술 묵자!

비동시대적으로 시 읽기

나는 나의 현재에 대한 상상적인 동시대인일 뿐이다. 내 언어들, 유토피아들, 체계들(즉, 그 여러 가지 허구들)의 동시대인. 요컨대 그 신화계 또는 철학의 동시대인이다. 하지만 역사의 흔들려 움직이는 반영, 즉 '환상적인 광경' 속에 살고 있으므로, 바로 내 역사의 동시대인은 아니다.[1]

그렇다. 우리는 역사의 동시대인으로서 동일한 시간 속에서 살고 있지 않다. 개체적으로 나는 연속적인 시간의 흐름 속에 얹혀 있는 것이 아니라 무의식과 이데올로기가 끊어놓는 그 상상적 단락들 속 여기저기에 흩어져 있다. 사회적으로도 우리는 동일한 시간과 표상을 공유하는 것이 아니라 수많은 이데올로기적 분절의 유리창을 통해 제 각각 세상을 상상하며 바라보고 있는 것이다. 다른 어떤 집단을 도저히 이해할 수 없는 것은 그들이 '우리들 역사'의 동시대인이 아니기 때문인 것이다.

---

1) 롤랑 바르트, 『롤랑 바르트가 쓴 롤랑 바르트』, 동녘, 2013. 84쪽

문제는 그 비동시대성을 동시대성으로 교정할 수 없다는 것이다. 우리는 세상을 우리의 표상과 시간으로 가지런히 정돈할 수가 없다. 우리는 이 비동시대성을 그 자체로 받아들일 필요가 있고 또 그럴 수밖에 없다. 비동시대성은 서로 다른 광년을 달려와 동시에 하늘을 반짝이는(반짝이는 것처럼 보이는) 모든 별들과 같다.

그러나 이렇게 말하고 보면 우리는 참담한 무기력과 고통에 빠지고 만다. 아무 것도 할 수 없다는 무기력과 저 이해할 수 없는 비동시대인들과 같이 살아가야한다는 고통. 그러므로 롤랑 바르트 식으로 전략을 짜자면, 우리는 (이데올로기적 허구의) 언어들, 유토피아들, 체계들 혹은 철학들 각각에서 잘 살아야 한다는 것, 그러나 그것들이 어떻게 다른 역사적 기원과 한계를 가지는 것인가에 대한 구조는 파악하고 있어야 한다는 것쯤으로 정리할 수 있지 않을까.

현재는 언제나 비동시대적 이지만 그러나 오지 않은 미래는 적어도 이념 속에서라도 언제나 동시대적이기 때문일 것이고 동시에 유토피아는 '장소 없음'이라는 유토피아의 정의 속에서(만) 의미를 가질 것이기 때문이다. 그렇게라도 만나야 하지 않을까?

정치 철학적으로 그것을 갈등적 민주주의라고 부를 수 있겠지만, 시인들은 가끔 이것을 '사랑'이라고 부르기도 한다.

사랑法

        강은교(1946-)

떠나고 싶은 자
떠나게 하고
잠들고 싶은 자
잠들게 하고
그리고도 남는 시간은
침묵(沈黙)할 것.

또는 꽃에 대하여
또는 하늘에 대하여
또는 무덤에 대하여

서둘지 말 것
침묵(沈黙)할 것.
…

쉽게 꿈꾸지 말고
쉽게 흐르지 말고
쉽게 꽃피지 말고
…
가장 큰 하늘은 언제나

> 그대 등 뒤에 있다.

―『풀잎』. 민음사. 1988

  시인이 자신의 시를 온전하게 이해하게 되는 순간은 아주 느리게 온다. 시인은 자신의 시를 온전히 이해하지 못한다. 시인과 시인의 시는 본질적으로 동시대적이다. 갓 태어난 시인의 시는 시인에게도 아주 낯 선 존재인 것이다. 시간이 지나면서 시인은 자신의 시를 이해하게 되고 그러면서 스스로를 조금씩 더 알아가게 된다.

  20대의 강은교 시인이 이 시를 완전히 이해하고 썼다고 믿지는 않는다. 20대에 내가 읽은 이 시는 젊음과 역사의 우울에 대한, 달콤한 자기 위안의 사랑 노래였다. 그러나 다시 읽는 이 시는 삶에 대한, 사랑에 대한 비극적 세계관을 보여주고 있다. 침묵은 비어있는 휴식의 지점이 아니라 앞으로 나감을 예비하는 긴장의 지점. 사랑은 누군가를 떠나보내야 하고, 우리는 미래에 쉽게 다가갈 수 없고, 그렇지만 서두르지 말아야 한다는 것. 우리의 등 뒤에는 가장 큰 하늘이 있기 때문이다. 그러나 우리의 삶이 비극적인 것은 그것이 언제나 우리의 등 뒤에 있다는 것. 사랑은 우리를 움직이게 하지만 그 사랑의 빛을 바라볼 눈은 우리에게 없는 것이다. '그 것'은 항상 나 보다 한 발짝 더 늦게 온다는 것. 그런데 그게 사랑이고, 우리의 사랑법이다. 사랑은 비동시대성들, 서로 다름을 결합하는 상상적 실천인 것이다.

자화상(自畵像)

서정주(1915-2000)

애비는 종이었다. 밤이기퍼도 오지않었다.

파뿌리같이 늙은 할머니와 대추꽃이 한 주 서 있을뿐이었다.

어매는 달을 두고 풋살구가 꼭 하나만 먹고 싶다 하였으나……흙으로 바람벽한 호롱불 밑에

손톱이 깜한 에미의아들.

갑오년(甲吾年)이라든가 바다에 나가서는 도라오지 않는다하는 외할아버지의 숯많은 머리털과

그 크다란눈이 나는 닮었다한다.

스물세햇동안 나를 키운건 팔할(八割)이 바람이다.

세상은 가도 가도 부끄럽기만하드라.

어떤이는 내 눈에서 죄인(罪人)을 읽고가고

어떤이는 내 입에서 천치(天痴)를 읽고가나

나는 아무것도 뉘우치진 않을란다.

찰란히 티워오는 어느아침에도

이마우에 언친 시(詩)의 이슬에는

몇방울의 피가 언제나 서꺼있어

볓이거나 그늘이거나 혓바닥 느러트린

병든 숫개만양 헐덕어리며 나는 왔다.

　　　―『미당 시전집 1』민음사. 1994. 원표기대로 인용함

언젠가 이택광 경희대 교수는 "서정주의 시가 아름답기 때문에 그의 친일행위를 용서해줘야 하는 것이 아니다. 그의 시를 규정하는 그 '아름다움'이야말로 그의 친일행위를 통해 탄생한 '이데올로기'인 것"(『근대 그림 속을 거닐다』. 아트북스. 2007)이라고 말한 적이 있다. 그러나 서정주는 역사적 동시대인이 아니었기 때문에 그의 말에 동의할 수는 없다. 그는 다른 시대를 살고 있었던 것이다.

이 시는, 시의 말미에 표시된 것에 따르면, 서정주의 나이 23세 되던 소화 12년 (1937년) 추석날 무렵 쓴 것이다. 1937년은 그 해 7월부터 중일전쟁이 발발했던 해이기도 하다. 그러나 일제의 침탈과 중일 전쟁은 그의 시대가 아니었다. 그의 '아름다움'은 친일에서 탄생한 이데올로기가 아니었던 것이다.

시에 매달리던 나의 고등학교 시절, 머리 맡 책꽂이의 일지사 간행 '서정주 전집'은 나의 교과서였다. 그리고 '팔할의 바람'과 '헐덕이는 병든 숫개'는 내 젊은 시인의 알리바이였다. 그러나 그 때 내가 놓친 것은 시적 미학의 정치와 정치의 미학이었다.

프랑스 철학자 랑시에르의 말을 빌리자면 "정치란 보이지 않았던 것을 보게 만드는 것, 그저 소음으로만 들릴 뿐이었던 것을 말로서 듣게 만드는 것, 특수한 쾌락이나 고통의 표현으로 나타났을 뿐인 것을 공통의 선과 악에 대한 느낌으로서 나타나게 만드는 데"[2] 있기 때문이다. 이 정치를 가능하게 하는 한 방편이 미

---

2) 자크 랑시에르. 「정치에 대란 열 가지 테제」.『정치적인 것의 가장자리에서』.길. 2008. 253쪽

학이고 시다. 서정주는 우리의 동시대인이 아니었고 그의 정치와 미학은 우리의 것이 아니었다. 그가 독재자의 혀가 되었을 때도 그는 우리의 동시대인이 아니었다.

  이제는 그의 시가 아름답지 않다. 그의 시는 '사랑'으로 자신의 등 뒤를 그리워하지 않음으로써 미래의 우리에게 도달하지 못한 비동시대이기 때문일 것이다.

        도장골 이야기 -부레옥잠
              김신용(1945-)

    아내가 장바닥에서 구해온 부레옥잠 한 그루
    마당의 키 낮은 항아리에 담겨 있다가, 어제는 보랏빛 연한 꽃을 피우더니
    오늘은 꽃대궁 깊게 숙이고 꽃잎 벌리고 있다
    그것을 보며 이웃집 아낙, 꽃이 왜 저래? 하는 낯빛으로 담장에 기대섰을 때
    저 부레옥잠은 꽃이 질 때 저렇게 고개 숙여요-, 하고 아내가 대답하자
    밭을 매러 가던 그 아낙, 제 꽃 지는 자리 아무에게도 보이고 싶지 않은 모양이구먼-, 한다

    제 꽃 지는 자리, 아무에게도 보이고 싶지 않은 그 꽃
    제 꽃 진 자리, 누구에게도 들키고 싶지 않은 그 꽃

몸에 부레 같은 구근을 달고 있어, 물 위를 떠다니며 뿌리를 내리는

　　물 위를 떠다니며 뿌리를 내려, 아무 고통도 없이 꽃을 피우는 것 같은

　　그 부레옥잠처럼
　　일생을 밭의 물 위를 떠흐르며 살아온, 그 아낙

　　오늘은 그녀가 시인이다

　　몸에 슬픔으로 뭉친 구근을 매달고 있어, 남은 생
　　아무 고통도 없이 꽃을 피우고 싶은 그 마음이 더 고통인 것을 아는
　　저 소리 없는 낙화로, 살아온 날 수의 입힐 줄 아는⋯
　　　　　　　　　　　　　－『도장골 시편』. 천년의시작. 2007

〈⋯ 개에게 생선뼈를 내밀듯, 그 그림의 세계가 내 앞에 던져지던 날,/ 이 땅에는, 골리앗의 크레인의 목이 쉬고 있었다./ 울부짖음의 불꽃에 싸여, 또 하나의 목숨이 떠나가고 있었다. 그 위에/ 오버랩되는 그 그림, 그 뼉다귀!/ 인간의 바깥에는 유토피아가 없는 것일까, 친구여/ 그것은 인간 속에만 존재하는 것일까?/

그러나 우리는 골리앗 크레인의 팔뚝으로 노동의 잔을 높이 들어야 한다.// 소금꽃은 비계를 먹지 않는다.〉(「그림. 어디서 본 듯한, 그러나 본 적이 없는…」『개같은 날들의 기록』)이 시인의 차례가 되면 올리려고 접어놓은 시다. 1990년 이전에 쓰인 시지만 아직도 현실감 있게 읽힌다. 아직도 많은 노동자들이 공장이 아닌 거리에 서 있고, 굴뚝과 크레인에 올라 가 있다. 부레옥잠은 점점 더 나빠지는 이 삶을 살아가는 우리에 관한 이야기이다. 스스로의 '꽃이 지는 자리'도, '꽃이 진 자리'도 흔적 없는 우리에 대한 이야기. 몸에 슬픔을 뿌리처럼 매달고 살아가는 우리 '세계의 비극성'. 그래서 부레 옥잠과 골리앗 크레인 이야기는 다르지 않는 동시대의 이야기다. 수의를 입은 '이 아름다운 세상'!

저녁의 소묘 5

한강(1970-)

죽은 나무라고 의심했던
검은 나무가 무성해지는 걸 지켜보았다

지켜보는 동안 저녁이 오고

연둣빛 눈들에서 피가 흐르고
어둠에 혀가 잠기고

지워지던 빛이

투명한 칼집들을 그었다

(살아 있으므로)

그 밑동에 손을 뻗었다

―『서랍에 저녁을 넣어 두었다』. 문학과 지성사. 2013

"왜 예술은 일상 언어를 못마땅해 하는가? 예술은 의미를 갖고 있지 않기 때문이다. 예술은, 어떤 사물이 부재를 거쳐서 어떤 단어와 연결되었는데도 그 사물이 그 단어 속에 온전히 존재하리라고 믿는 것이 바보짓이라고 생각한다. 그래서 예술은 이 부재 자체를 다시 잡아내고 이해를 향한 끝없는 운동을 재현할 수 있는 언어를 찾아 모험을 떠난다."[3)]

그러므로 이 시를 '죽은 나무'에서 푸른 생명이 자라고, 그 생명의 뿌리에 '손을 뻗었다'는 식으로 읽어서는 안 된다. 시인이 그런 의도로 이 시를 썼다 해도 그렇게 읽어서는 안 된다. 연과 연 사이에는 깊은 '침묵'과 '은폐'가 있다.

'생명에 대한' 시가 완성되기 위해서는 첫 두 줄과 마지막 줄, 세 행만으로 충분하다. 그러나 그 사이를 새로운 단어와 이미지들이 치고 들어오면서 그 의미는 깨어지고 분산된다. 연둣빛 눈/

---

3) 모리스 블랑쇼.『The Work of Fire』(울리히 하세 등.『모리스 블랑쇼-침묵에 다가가기』. 앨피. 2008. 70쪽에서 재인용)

피, 어둠/ 혀의 낯 선 이미지와 '지워지던 빛의 칼집'이라는 섬세한 벌어짐은 무성한 푸른 나무를 기대하던 의식에 '검게 죽은 나무'를 되짚어 보여주고 있다. 그럼에도 시인은 그 밑동에 손을 뻗으며 이 역류하는 무의식의 흐름을 차단하려 한다. 심지어 '살아있음'을 괄호로 무장시켜 행 사이로 강제로 밀어 넣는다. 의식의 강박과 무의식의 컴컴함.

그러나 이 시인은, 자신의 시의 부재를 알고 있다. 부재는 자신을 증명하기 위해 또 다른 부재를 찾아 나선다. 그래서 그의 시는 잘 붙잡히지 않는다. 안개처럼, 번지는 어둠처럼. 소설가 한강이 아닌 시인 한 강의 시집이 기대되는 이유다. 그는 아슬아슬한 길을 모험하고 있다. 동시대를 살고 있는 그는 어떤 다음 노래를 들려줄까?

> ...
> 나는 입술을 다문다
> 어디까지 번져가는 거야?
> 어디까지 스며드는 거야?
> 기다려봐야지
> 틈이 닫히면 입술을 열어야지
> 혀가 녹으면
> 입술을 열어야지/ 다시는
> 이제 다시는
> ―「새벽에 들은 노래」 부분

그리움은 어디에 쓰일까?

유토피아는 어디에 쓰일까? 의미를 만들어내는 일에 쓰인다. 현재에 대하여, 나의 현재에 대하여, 유토피아는 기호의 찰칵거림을 작동하게 하는 제2항이다. 덕분에 현실적인 것에 대한 담론이 가능해 진다. 나의 것인 이 세계 안에서, 나의 내부에서 잘 작동하지 않는 것이 전부 공전(空轉)하여 나는 실어증에 빠지고 말지만, 유토피아에 의해서 나는 그 실어증으로부터 빠져 나온다.[1]

그리움은 유토피아에 미리 다다른 과거의 감각과 정서다. 그러나 그 과거는 미래 보다 언제나 앞 서 있어서 우리가 부르지 않으면 뒤로 고개를 돌려보지 않는다. 그리움은 우리가 시로, 노래로, 통곡으로 부를 때에만 나타나 우리를 쳐다본다. 그 그리움이 우리를 현재로 소환하고 호명하는 것이다.

그런데 과거의 그 감각과 정서는 어떻게 현재를 가로질러 유

---

[1] 롤랑 바르트. 『롤랑 바르트가 쓴 롤랑 바르트』. 동녘. 2013. 113쪽

토피아에 미리 가 있는 것일까? 그 힘은 어디에서 나오는 것일까? 그러나 그 힘은 능동적 힘이 아니라 수동적 힘이라고 해야 옳을 것이다. 어떠한 한 사태는 체에 걸러져 반짝이는 알맹이로만 남아 이곳저곳으로 흩어진다. 이곳저곳으로 흩어진 그 물질들은 이곳저곳의 현실들 속에서 그 현실들의 경계를 지우고 녹이면서 우리를 수동적으로 가장 아름답고 반짝이는 시간과 공간으로 끌고 올라간다.

그렇다면 그리움은 어디에 쓰이는 것일까? 그것은 '의미를 만들어내는 일에 쓰인다.' 수동적인 기억의 변형은 시로, 노래로, 통곡으로 불러낸 그리움으로 하여 의미로 되살아난다. 하늘로 끌려 올라간 반짝이는 시간과 공간은 그 그리움으로 하여 나를 말하게 하고 나를 행동하게 한다. 그 무언가를 그리워하기 때문에 우리는 살아갈 수 있는 것이다.

오서요

한용운(1879-1944)

오서요, 당신은 오실 때가 되얏어요, 어서 오서요.
당신은 당신의 오실 때가 언제인지 아십니까, 당신의 오실 때는 나의 기다리는 때입니다.

당신은 나의 꽃밭에로 오서요, 나의 꽃밭에는 꽃들이 피어 있읍니다.

만일 당신을 좇어오는 사람이 있으면, 당신은 꽃 속으로 들어가서 숨으십시오.

　　나는 나비가 되어서 당신 숨은 꽃 위에 가서 앉겠읍니다.

　　그러면 좇어오는 사람이 당신을 찾일 수는 없읍니다.

　　오서요, 당신은 오실 때가 되았읍니다, 어서 오서요.

　　당신은 나의 품으로 오서요, 나의 품에는 보드러운 가슴이 있읍니다.

　　만일 당신을 좇어오는 사람이 있으면, 당신은 머리를 숙여서 나의 가슴에 대입시오.

　　나의 가슴은 당신이 만질 때에는 물같이 보드러웁지마는, 당신의 위험을 위하야는 황금의 칼도 되고, 강철의 방패도 됩니다. …

　　당신은 나의 죽음 속으로 오서요, 죽음은 당신을 위하야의 준비가 언제든지 되야 있읍니다.

　　만일 당신을 좇어오는 사람이 있으면, 당신은 나의 죽음의 뒤에 서십시오.

　　죽음은 허무와 만능이 하나입니다.

　　죽음의 사랑은 무한인 동시에 무궁입니다. …

　　오서요, 당신은 오실 때가 되았습니다, 어서 오서요.

　　　　　　　　　－『한용운 시전집』, 문학사상사, 1989

우리가 기다리는 우리의 미래는 무엇일까? 지금보다 더 나은 시간들이 오리라 우리는 기대하지만, 정작 기다리는 그것이 무엇인지 우리는 알지 못한다. 게다가 이 시의 '당신'을 우리는 이해하기 어렵다. 누군가에게 쫓겨 우리가 꽃 속에 숨겨 주어야 하고, 우리가 품에 안고 칼과 방패로 지켜주어야 하고, 심지어 우리의 죽음으로써까지 지켜주어야 하는 '당신'. 이 연약한 누군가를 우리는 왜 기다려야 하는 것일까?

이 어리석은 물음이 자연스러운 것은 우리의 정치학이 대부분 영웅, 국가, '아름다운 체제' 등의 목적론을 중심으로 이뤄졌기 때문일 것이다. 시인이 기다리는 당신은 영웅이나 국가나 아름다운 정치체가 아니라 우리 옆의 아파하는 사람들이다. 그들이 나에게 옴으로써 나의 기다리는 '때'가 오는 것이고, 그 '때'가 다시 그들을 호명하므로써 우리의 삶이 제대로 된 삶으로 살아나는 것이다. '당신의 오실 때는 나의 기다리는 때'라는 이 해후의 동시성이 이 시를 빛나게 한다.

그리하여 그리움은 기다림에 쓰여진 것이다.

　　　　아라베스크
　　　　　　　　　　전봉건(1928-1988)

　　빛
　　물
　　빛과 물의 거리

  빛과 물의 모퉁이
  구름이라고 하는
  새라고 하는
  그리고 당신이라고 하는
  사랑이라고 하는 말이
  오늘은 빛과 물 속을 지난다
  오늘은 어느 길을 가도 너와 만난다
  길은 모두 빛과 물의 길
  빛과 물의 말
  빛과 물인 너
  어디선가 또 하나의 꽃이 소리없이 열리며
  빛과 물을 휘저어놓는다.

―『전봉건 시 전집』문학동네. 2008

 겨울의 날카로워진 빛과 소리를 잃은 물이 따뜻함과 소리를 얻어 다시 반짝이기 시작하는 계절. 빛과 물이 서로 만나 온 세상을 적시고 구름도 새도 사랑하는 이도 모두 그 빛과 물의 기쁨에 취해있다. 구름과 새와 사랑하는 사람은 빛을 얻어 나에게 보여지는 그 무엇이 되고, 그 가시성은 물 속에서 굴절되면서 내 손가락 사이로 흐르는 물질이 되기도 한다.

 어느 길을 가도 우리는 기쁨과 만난다. 늘 세상이 그런 세상이라면 얼마나 좋을까? 모든 길이 빛과 물처럼 순리대로 흐르고 빛과 물의 말을 나누고, 빛과 물처럼 따뜻하고 부드럽게 서로를 안

아줄 수 있다면 얼마나 좋을까?

  물론 세상은 그렇게 한 방향으로만 흐르지 않는다. 흰 꽃이, 붉은 꽃이, 노란 꽃이 그 빛과 물을 휘저으며 그걸 둥글게 말아 올리거나 직각으로 구부리기도 한다. 그렇게 해서 봄은 아라베스크 문양처럼 빛과 물로서 세상을 디자인하는 것이다.

  그리움은 말이 되기 전에 아라베스크 문양을 가진 빛과 물에 쓰여진 것이다.

그리움
유치환(1908-1967)

오늘은 바람이 불고
나의 마음은 울고 있다.
일즉이 너와 거닐고 바라보던 그 하늘 아래 거리언마는
아무리 찾으려도 없는 얼굴이여
바람 센 오늘은 더욱 너 그리워
진종일 헛되이 나의 마음은
공중의 깃발처럼 울고만 있나니
오오 너는 어디메 꽃같이 숨었느뇨.

그리움

유치환

파도야 어쩌란 말이냐
파도야 어쩌란 말이냐
임은 뭍같이 까딱 않는데
파도야 어쩌란 말이냐
날 어쩌란 말이냐

―2편 모두『유치환-한국현대시문학대계』.
지식산업사. 1981

'그리움'의 어원은 마음속에 무언가를 '그림', 나아가 원시인들이 동굴 벽에 간절한 무언가를 '긁음', 더 나아가 (재야 언어학자 천병석의 이론에 의하면 수메르어에서 기원한) 태양을 뜻하는 (k)al- 과 연관이 있는 듯하다. 다시 말해 그리움의 기원은 자연의 공포 앞에 놓인 원시 인간들이 컴컴한 동굴 속에서 밝은 태양을 자신의 앞으로 데려다 놓는 그 재현 의식에 있다는 것이다.

그러므로 그리움은 과거에 존재했던 어떤 대상을 지향한다. '임'의 '얼굴'은 과거에 내 앞에 있던 대상이다. 허구는 그리움의 대상이 될 수 없다.(그리움은 물질주의 속에 있다.) 그러나 임의 얼굴을 마음의 벽에 긁어서 그린 그리움은 사실이 아니라 비슷한 재현일 뿐이어서 그 또한 허구에 다름없다. 그렇다면 우리는 왜 허구를 그리워하는 것일까?

어쩌면 우리가 그리움이라는 그림을 그리는 이유는 그 대상을 재현하기 위해서가 아니라 그 대상과 마주했던 과거의 내 마음의 공간을 재현하기 위해서일지 모른다. 그를 사랑했던 그 순간의 빛과 향기, 그와 이별했던 그 짜릿한 눈물의 맛 등등. 그런 의미에서 그리움은 자기 충족적이다.

그러나 한편으로 생각하면 그 자기 충족적 그리움으로 하여 잊혀진 과거들이 먼지를 털고 우리 앞에 유령처럼 나타난다. 그 유령들이 처음에는 우리를 어찌지 못하게 하고, 끝내는 우리를 어디론가 달려가게 득달한다. 아 어찌할까, 읽히지 못한 저 많은 그리움들을!

이제 그리움은 읽히지 않은 미래를 읽는데 쓰여 진다.

지상(地上)의 詩
김현승(1913-1975)

보다 아름다운 눈을 위하여
보다 아름다운 눈물을 위하여
나의 마음은 지금, 상실의 마지막 잔이라면,
詩는 거기 반쯤 담긴
가을의 향기와 같은 술…

사라지는 것들을 위하여
사라지는 것만이, 남을 만한 진리임을 위하여

나의 마음은 지금 저무는 일곱 시라면,
詩는 그곳에 멀리 비추이는
입 다문 창들…

…

천사들에게 가벼운 나래를 주신 그 은혜로
내게는 자욱이 퍼지는 언어의 무게를 주시어,
때때로 나의 슬픔을 위로하여 주시는
오오, 地上의 神이여, 地上의 詩여!

―『옹호자의 노래』.1963

'地上의 詩'에 기대어 나도 그대들에게 이 그리움을 남깁니다; 미안해요. 눈물 흘리는 당신에게 나는 나의 詩 밖에 줄 것이 없어요. 나의 시는 꽃향기의 달콤한 술도 아니어서 모든 계절을 쏟아 부어도 당신의 잔은 비어있고, 아 나의 시는 메마른 모래강과 같아요. 흔한 사랑조차도 당신에게 위로가 되지 못하니 나는 그저 우두커니 계절의 모퉁이에 서서 울음으로 흔들리는 당신의 어깨만 바라봅니다.

슬퍼하지 마세요. 아름답게 사라지는 것만이 오직 남은 우리의 진리임을 알지만 사라지는 것들을 위해, 그대를 위해 나는 나의 모든 창문을 열고 노래할 수 있을까요? 아니 노래하고 있나요? 노을이 마지막 남은 나의 언어들을 불태우고 있습니다. 내게 천사의 가벼운 날개를 허락하지 않으셔도 됩니다. 다만 어둠 속을 번져가는 내 무거운 언어라도 그대에게 주는 마지막 위로가 되었으면 좋겠습니다.

 언젠가 그대가 나의 슬픔을 위로해 주었듯이 미래의 언젠가에는 내 가난한 시가 당신 슬픔의 계곡을 타고 흐르는 맑은 물이 되었으면 좋겠습니다. 그것만이 나의 위로가 될 거에요. 들어주세요. 나의 사랑, 이 지상의 詩!

 그리하여 詩와 같은 이 그리움은 우리의 슬픔과 위로와 革命에 쓰여 집니다.